PERSONA ALTAMENTE SENSIBLE

UNA GUÍA COMPLETA DE SUPERVIVENCIA PARA
ALIVIAR LA ANSIEDAD, FRENAR LA SOBRECARGA
EMOCIONAL, Y ELIMINAR LA ENERGÍA NEGATIVA,
PARA EMPÁTICOS E INTROVERTIDOS

CATALINA DE CORDOVA

contenida en este documento, incluidos, entre otros, - errores, omisiones o inexactitudes.

ÍNDICE

Introducción   vii

1. El camino del Empático   1
2. Señales de empatía   13
3. El fenómeno empático   40
4. Prácticas de sanación energética   48
5. Aprendiendo a controlar tu energía   66
6. Diseñando tu sueño sanador   78
7. La sanación de su pasado   85
8. Sanando a tu niño interior   95
9. Sanando su Ser Actual   104
10. Practicando la Sanación Social   111
11. Conclusión   119

INTRODUCCIÓN

"¡Eres demasiado sensible!", Dicen. *"Solo necesitas tener una piel más gruesa"*. Escuchas de amigos y familiares bien intencionados. Si esto te suena familiar y te encuentras luchando con la aceptación propia y los sentimientos de vergüenza, podrías ser lo que se conoce como una Persona Altamente Sensible (PAS) también conocido como Empático.

Como alguien que posee este regalo, la autora, Sarah Howard ha luchado con los altibajos de sentir que estaba a merced de las emociones de los demás. En una fría mañana de diciembre de 2014, mientras todos (incluida la propia Sarah) estaban de buen humor sobre las próximas vacaciones, Sarah corría de tienda en tienda para comprar los regalos de última hora para sus seres queridos.

Todo iba bien hasta que, mientras esperaba en la fila, escuchó a alguien detrás de su murmullo "la gente que corta la línea me enferma". Sarah no le prestó mucha atención, ya que sabía que no había cortado la línea, por lo que esta señora debe estar hablando de otra persona.

"Dije", escuchó detrás de ella, "que las personas que cortan la fila me enferman". Esta vez, Sarah sintió que la queja se dirigía hacia ella, por lo que se volvió para corregir cortésmente a esta dama que estaba equivocada.

Sin embargo, tan pronto como se volvió, la mujer comenzó a gritar de manera confrontativa, "¡sí, tú! ¡No soporto la forma en que la gente piensa que pueden hacer lo que les gusta y cortar líneas como si fueran la reina del mundo! "

"¡Ese no es el caso!", Quería decir Sarah. "¡He estado aquí todo el tiempo! ¡Nunca he cortado una línea! ", Pero ella no pudo pronunciar sus palabras. Estaba tan conmocionada y asustada por la ira de esta mujer que no pudo hablar.

Mientras la mujer continuaba reprendiéndola, Sarah se encontró abrumada por la ira, el miedo y la tristeza. Ella no sabía qué hacer y comenzó a llorar. Dejó caer los regalos que sostenía y salió corriendo de la tienda, angustiada.

Durante los días siguientes, continuaba sintiéndose molesta, y no importaba lo que hiciera, o cómo sus amigos y familiares trataran de ayudarla, no podía sacudir esa tristeza que aquella mujer en la tienda le había transmitido.

Esto terminó arruinando su día de Navidad, ya que todavía estaba tensa, enojada y triste por la experiencia. Esto solo sirvió para agravar su miseria y, después de despertarse el 26 de diciembre de 2014, decidió: ¡ya es suficiente! Iba a descubrir POR QUÉ las emociones negativas de otras personas parecían afectarla tan poderosamente y CÓMO recuperar el control de sus propias emociones, energía y vida, de una vez por todas.

Esta decisión la llevó a entender qué le afectaba a ella y a otros como ella. Después de años de experimentar consigo misma, conectar directamente con los demás y simplemente trabajar duro, Sarah ha encontrado lo que ella ve como las herramientas más efectivas y poderosas para ayudar a otras personas altamente sensibles a perdonar sus defectos percibidos y lograr su plena auto-actualización.

Ahora, quizá para ti alguien que te grite por cortar la línea no obtenga la misma respuesta. Sarah definitivamente está en el extremo más sensible del espectro de los Empáticos. Pero sea lo que sea con lo que esté luchando en tu vida cotidiana, al comprender mejor tus propias emociones y energías, estarás mejor equipado para enfrentar el mundo y sus problemas inevitables.

Este libro es la culminación de estos años de arduo trabajo e investigación y tiene como objetivo ayudar a enseñarte las herramientas y técnicas necesarias para desarrollar la capacidad de recuperación en ti mismo.

Esto es lo que puedes esperar a medida que avanzas en este libro:

En el Capítulo 1: El Camino del Empático, discutiremos la historia del término "Empático" y lo que significa ser un empático en el mundo de hoy. Te mostraremos cómo es un día típico para un empático con la esperanza de que puedas conectarte y relacionarte con estas experiencias.

Hablaremos sobre las luchas diarias de los empáticos, y también los aspectos positivos de este regalo, y cómo puedes empezar a replantear las creencias que pudieras haber tenido sobre ser una persona altamente sensible.

En el Capítulo 2: Señales del Empático, cubriremos las 29 señales de Empáticos para que puedas ver con cuántos te identificas. Estos puntos son un excelente punto de partida para las personas que apenas están descubriendo su don, y deberían darte muchos momentos de "¡ah-ha!" cuando te das cuenta de que hay otros como tú!

Exploraremos más a fondo las experiencias positivas y negativas de los empáticos, detallaremos los detalles de cómo cada aspecto afecta la vida interna y externa de las personas.

Para el Capítulo 3: El fenómeno empático, profundizaremos en la investigación y la ciencia de la experiencia de ser una persona altamente sensible. Entre otros puntos, discutiremos el papel que desempeñan los CEM (campos electromagnéticos), las neuronas espejo y la dopamina en la vida de un empático.

Al comprender las realidades físicas que sustentan esta experiencia, podrás aplicar tu don de formas aún más poderosas e impactantes.

En el Capítulo 4: Prácticas de sanación energética, analizaremos los diversos métodos que puedes utilizar para comenzar a sanar tus energías. Cubriremos algunas de las prácticas más conocidas, como el yoga y la meditación, pero también algunos de los métodos menos conocidos (y muy efectivos), como la limpieza de chakras y la curación con cristales.

En este capítulo, se te darán las herramientas prácticas para comenzar tu travesía hacia la sanidad, con orientación en cada paso sobre cómo utilizar completamente cada práctica para obtener el mayor beneficio.

En el Capítulo 5: Aprendiendo a controlar su energía, discutiremos los pasos que deberás seguir para identificar completamente tus propias energías y las de los demás. Una vez que tengas una comprensión sólida del poder total que las energías de otras personas pueden tener sobre ti (tanto positiva como negativamente), serás más eficaz en el control de las energías propias y ajenas.

Para el Capítulo 6: Diseño de tu sueño curativo, entraremos en detalle sobre la importancia de tu sueño curativo. Detallaremos cómo será para ti y cómo diseñar el tuyo para obtener el máximo efecto. Este es un paso que algunas personas podrían llamar estar "un poco fuera de lugar", pero es una oportunidad tan profunda para llevar tu sanidad al siguiente nivel, simplemente no se puede ignorar.

Capítulo 7: La sanación de tu pasado se trata de profundizar y descubrir los efectos que tu pasado ha jugado en tu vida y mentalidad actual. Identificaremos las lecciones de vida que has acumulado y discutiremos cómo pueden ayudarte (u obstruirte) en tu vida cotidiana. Terminaremos discutiendo la importancia y las técnicas para vivir tu vida en el momento presente.

Capítulo 8: Sanando a tu niño interno, cubrirá ... ¡cómo sanar a tu niño interno, por supuesto! Esta es una extensión del capítulo anterior donde profundizamos en los detalles de tu infancia y cómo lo que experimentaste ayudó a dar forma a la persona que eres hoy.

En el Capítulo 9: Sanando tu Ser Actual, descubrirás cómo dar un paso atrás y ver qué áreas de tu vida necesitan ser sanadas. Nos referiremos a la importancia de tu autoconciencia recién descubierta, así como a dar los pasos finales para liberar el dolor y el trauma de tu pasado para vivir tu mejor vida. Este capítulo culmina en el esquema para incorporar la auto-curación regular en tu vida cotidiana.

Capítulo 10: Practicar la Curación Social te desafiará a tomar todo lo que has aprendido hasta ahora y ponerlo en práctica en situaciones sociales. Este capítulo es uno de los "más pesados" / "más difíciles de leer", pero, todo lo que has aprendido hasta este momento te ha preparado para los pasos que te cambiarán la vida en este capítulo.

Discutiremos la importancia de asumir la plena responsabilidad de ti y de tus relaciones, y cómo este cambio de ser víctima a una persona totalmente capacitada te ayudará a superar muchos de los obstáculos que podrías enfrentar actualmente en tu vida.

¡Concluiremos recordándote que la vida se trata de DIVERSIÓN! Necesitas tomarte el tiempo y darte permiso para divertirte. ¡Estos cambios de mentalidad, junto con la práctica continua de "Abogar por ti mismo" te dejarán con la seguridad que puedes sanarte a ti mismo y enfrentar cualquier desafío que la vida te presente!

Te animo a que sigas este libro a tu propio ritmo. Intenta absorber completamente el mensaje de cada capítulo antes de continuar. Notarás, una vez que llegues a los últimos capítulos que se centran en la sanidad, que puedes sentir que tienes muchos pasos de acción que tomar, especialmente si todavía vives en la etapa de tu don en donde aún no puedes identificar y controlar la energía de quienes te rodean.

Tomar las cosas lentamente y darse el tiempo para dar cada paso asegura que no te sientas abrumado.

Por lo tanto, si estás listo para dar el primer paso para comprender tu don y sanar en el nivel más profundo, ¡es hora de comenzar! ¡Tómate tu tiempo y diviértete!

EL CAMINO DEL EMPÁTICO

*E*l término Empático se ha convertido recientemente en un tema popular dentro de la comunidad espiritual, ya que las personas comienzan a darse cuenta de que ser sensible es un don, y no algo que se obtiene o ridiculiza.

Como empático o persona altamente sensible (notarás que usaremos estos dos términos indistintamente en todo el libro), tienes un don único que te permite sentir realmente las necesidades de los demás, del mundo y del universo como entero. Esto significa que tienes la habilidad única de ser un sanador poderoso y positivo del mundo. Tu don te da la oportunidad de sentir dónde puedes ofrecer más amor y compasión, y luego dar este amor y compasión como una forma de contribuir a las vibraciones de este planeta amado.

Desafortunadamente, en algunos casos, la vida como empático puede llevar a conductas obsesivas que agotan tus energías y evitan que experimentes las verdaderas maravillas de tu don. Si sabes que eres un empático, o si sospechas que podrías serlo, entonces es probable que tengas muchas preguntas sobre lo que significa este don y de dónde proviene.

Exploraremos en este capítulo lo que significa ser un empático, por qué vives con este don, y cómo este don puede ayudarte a vivir el verdadero propósito de tu vida.

Comenzaremos con la historia de lo que significa ser un empático y cubriremos la definición más moderna para ayudarte a comprender tu don, y cómo encaja en la composición única del universo.

La Historia de los Empáticos

En los últimos años, el término empático o persona altamente sensible ha surgido en muchas culturas diferentes como una forma de describir a las personas que parecen ser de alguna manera emocional o místicamente sensibles a los demás. Los empáticos eran considerados sanadores, filósofos y maestros espirituales talentosos en las antiguas tribus africanas y de las Primeras Naciones.

Estas tribus, conocidas por ofrecer a sus empáticos bendiciones especiales y trato compasivo a cambio de compartir sus dones con las tribus, continúan considerándolos como tales.

Los psicólogos interesados en ayudar a las personas de todo el mundo a comprender los dones únicos del empático, y cómo pueden dominar estas sensibilidades, han popularizado recientemente el fenómeno. El Dr. Carl Rogers ha desempeñado un papel fundamental en el progreso de la comprensión de los empáticos y los dones empáticos en la historia reciente al sugerir que esto puede ser un fenómeno parapsicológico. En esencia, él cree que esta es una manera única para que ciertas personas entiendan y apoyen a otros en sus vidas a un nivel más profundo de lo que se creía posible.

"A veces escuchar a alguien más no es suficiente", dice el Dr. Rogers, "porque la empatía de los demás es lo que necesitan: los empáticos, que tienen el mayor grado de empatía, son maravillosos al ofrecer este apoyo único a las personas".

Ser empático en el mundo de hoy

La vida como empático en el mundo de hoy es completamente diferente de cómo era en el pasado para los empáticos reconocidos. Los empáticos eran venerados por sus sociedades y los que les rodeaban les ofrecían constante apoyo, compasión y respeto.

Sin embargo, aparentemente en las culturas occidentales, lo inverso era cierto. Las personas que experimentaron una mayor sensibilidad que otras fueron consideradas débiles y sus compañeros a menudo las avergonzaban por sus conductas sensibles. Como resultado, la sociedad se volvió agotadora e incómoda para los empáticos, especialmente aquellos que no tenían idea de que eran empáticos.

La comprensión de lo que significa el término "empático" se ha desarrollado con el tiempo, y muchos empáticos han tenido la oportunidad de explorar sus dones con una mejor comprensión de sus dones y por qué experimentan lo que hacen.

Esto también ofrece la oportunidad de experimentar un mayor sentido de compasión por ellos mismos, ya que ahora pueden comprender que no son *del todo* débiles. De hecho, son increíblemente poderosos y tienen la capacidad de cambiar el mundo tal como lo conocemos al ofrecer sus dones amorosos, compasivos y empáticos a las personas que los rodean.

A medida que la sociedad continúa cambiando para ser más compasiva con sus seres sensibles, los empáticos tienen la oportunidad de comprenderse mejor a sí mismos y ganarse la admiración de su comunidad.

En lugar de ser ridiculizados por sus habilidades y rasgos de personalidad, muchos están encontrando santuarios seguros en el mundo donde pueden participar en la sociedad y desempeñar un papel activo en sus vidas. La era de ser un empático maldito que se consideraba débil está llegando rápidamente a su fin, ya que los empáticos ahora realmente están comenzando a ser entendidos y respetados por sus increíbles dones.

Un día en la vida de un empático

Como empático, es posible que hayas notado que tu vida diaria puede ser muy diferente de la vida de quienes te rodean. Si aún no has encontrado un grupo de personas que entiendan lo que se siente, podría sentirse aislado, incómodo o frustrante, cuando intentas explicar tus experiencias a los demás. Tu falta previa de la experiencia más profunda de ser un empático significa que no puedes transmitir completamente lo poderoso que eres. Lo más probable es que, cuando te despiertas, sientes una inmensa cantidad de energía al instante. Literalmente puedes "sentir" la energía del día a partir de qué día es, lo que puede o no influir en cómo te sientes por la mañana.

Tus experiencias matutinas también pueden jugar un papel importante en tu energía para el día. Si son positivos, como ser recibido por tu perro feliz y desayunar con tu familia generalmente positiva, tus energías probablemente se sentirán completas y nutridas. Sin embargo, si despiertas en un hogar desordenado, un cónyuge que está constantemente malhumorado por la mañana, o un niño triste que tiene una pesadilla, podrías comenzar el día con energías negativas relativamente intensas que coinciden con las de aquellos que te rodean.

Esto puede ser un desafío si estás tratando conscientemente de enfrentar tu día con una energía positiva, pero en cambio te sientes abrumado y exhausto antes de comenzar el día. Si trabajas o pasas el día con otras personas, la mayor parte de tu jornada de trabajo puede ser agobiante, ya que absorbes estas energías constantemente, y las sientes como si fueran tuyas. Por ejemplo, si alguien llega tarde al trabajo y todos están de mal humor porque se ha ralentizado el flujo de trabajo, es posible que te sientas irritable y agotado, pues absorbes las molestias tanto tuyas como las de los demás.

Si tienes la suerte de pasar sus días trabajando en un ambiente positivo, puedes sentirte excepcionalmente positivo durante todo el día, pero aún puedes sentirse agotado después del trabajo debido a la cantidad de diferentes tipos de energía que chocaste durante el día. Si tu día fue positivo o no, la cantidad de energía que experimentaste a tu alrededor probablemente fue agotador, y te hizo sentir que no te quedaba nada para ti.

Puedes pasar tus tardes tumbado y sin hacer nada como una forma de relajarte y permitir que tu energía se llene nuevamente al día siguiente. Si el flujo de las energías de los demás resuena contigo todos los días, experimentarás la vida de un empático que aún no ha entendido, aceptado y dominado completamente sus dones empáticos.

A medida que avancemos en este libro, descubrirás que tu vida no tiene que sentirse así en absoluto, y que puedes experimentar una vida más positiva y placentera sin sentirte agotado al final de cada día. ¡De hecho, descubrirás cómo puedes generar aún más energía para ti mismo, para que puedas aprovechar al máximo tu vida, al mismo tiempo que dominas tu don único de empatía!

El llamado del empático

Ser especialmente sensible ante las energías de los demás significa que naciste con un don increíble que realmente puede ayudarte a cambiar el mundo. Puedes ser la persona que ayuda a superar el sufrimiento colectivo que las guerras, la avaricia y la ignorancia han ejercido sobre la humanidad durante cientos de años.

Tienes el don de poder escuchar y comprender a las personas por completo. Puede apoyarlos en sus caminos hacia la sanidad utilizando tu habilidad de sentir empatía completa a un nivel increíblemente profundo. Cuando alguien necesita amor, compasión, orientación o tranquilidad, sabe que puede acudir a ti y experimentarlo. Dado que esto es lo que le falta al mundo en este momento, eres la persona perfecta para ofrecerlo al mundo. Probablemente hayas visto esta tendencia en tu vida con la cantidad de personas que han buscado apoyo o compasión de tu parte. Es posible que este patrón se haya vuelto tan regular que te encuentres alejándote o evitando las relaciones porque a veces puedes sentir que se necesita más energía de la que te queda.

Esto puede llevar a sentimientos de culpa o soledad

en tu vida, pero puede parecer un precio razonable para evitar sentirte abrumado por tu energía y por todos los que te rodean. Los empáticos a menudo son llamados a roles de cuidado, a menudo optan por trabajar como sanadores, cuidadores, defensores y maestros. Esto se debe a que tienen las características únicas que pueden marcar una verdadera diferencia en el mundo y en las personas que lo rodean. Sin embargo, sus dones empáticos, si no se administran, pueden llevarlos a sentirse abrumados e incapaces de perseguir estas vocaciones por temor a quedar totalmente exhaustos y privados de energía.

Si un empático es capaz de aprender a dominar su don y usar sus talentos empáticos para su ventaja, descubrirán que pueden hacer cambios masivos en el mundo que los rodea al perseguir estos roles y entrar plenamente en ellos.

Se sabe que algunos de los líderes, curanderos y maestros más influyentes de nuestro tiempo son empáticos. Oprah Winfrey, Deepak Chopra, la princesa Diana, el Dalai Lama y Mahatma Gandhi son famosos empáticos que han asumido sus roles, los dominaron y cumplieron sus propósitos de vida. Esto demuestra que puede hacerse, y de una manera hermosa, siempre que te tomes el tiempo para comprenderte realmente, tener compasión de ti mismo y satisfacer tus propias necesidades como empático y como ser humano.

Una comprensión realista

Una vez que comprendas que tu propósito en la vida es sanar al mundo, puedes sentirte bastante intenso o exhausto. Por un lado, debido a tu naturaleza y la forma en que interactúas naturalmente con quienes te rodean, combinado con tu llamado innato, es posible que tenga sentido. Por otro lado, aún puede parecer desalentador e incluso imposible asumir una tarea tan enorme si no se toma el tiempo para visualizarlo de manera realista y ponerlo en perspectiva. ¡Quiero recordarte que *no estás solo*! Esperemos que esto te ayude a sentirte un poco menos intimidado por todo esto.

No eres el único empático que existe, y no eres el único empático que apoya el objetivo de sanar a quienes nos rodean. Hay miles, si no, cientos de miles de otros empáticos que están dedicados a apoyar esta travesía de sanidad que estamos atravesando colectivamente en este momento. Todo lo que tienes que hacer es aprender a dominarte y contribuir de la manera en que te sientas más alineado. Al aprender a dominar tus propias energías, puedes hacer un uso positivo de ti mismo, y de tu propósito de cambiar el mundo que te rodea. Puedes hacer esto siendo un sanador de energía, maestro o filósofo, si sientes que enfocándote en un nivel más íntimo y local encajaría mejor con tus objetivos. O puedes hacerlo llevando a cabo una misión a gran escala, como tener un programa de entrevistas público para llegar a las masas. (piensa en Oprah).

No hay reglas para esto y no hay nada que diga que un sueño o propósito sea más o menos digno que otro, sin importar cuán grande o pequeño pueda parecer. Debes confiar en que naciste con la habilidad divina de cumplir tu propósito, y que ese propósito es tu vocación en la vida, sin importar lo que alguien diga o piense al respecto. Algunas de las vocaciones más importantes de los empáticos provienen de innovar una nueva forma de contribuir con su propia energía y propósito a las masas, y servirlos de la manera en que se sentían más alineados.

No hay una forma correcta de contribuir. Si todavía no estás seguro de cuál es tu vocación personal, es probable que tengas dificultades para pasar ese tiempo consigo mismo y desarrollar la autoconciencia, porque la energía de la sociedad te está agotando constantemente. No te preocupes, cuando sea el momento adecuado, tu llamado aparecerá, y se te revelará, todo lo que tienes que hacer es mantenerte encaminado. Sigue tu travesía a la sanidad y haz lo que sientas es lo correcto. Aparecerá antes de que te des cuenta, y tendrás el mapa exacto de la razón por la que estás aquí.

2

SEÑALES DE EMPATÍA

*S*i al leer el último capítulo sentiste una profunda resonancia con lo que leíste, puedes estar bastante seguro de que eres un empático. Sin embargo, es posible que te preguntes qué implica tu don de empatía, y qué aspectos de ti reflejan el don.

La empatía aparece de muchas maneras, por lo que es probable que hayas encontrado muchos casos en los que la empatía ha afectado o cambiado tu vida, y cómo interactúas con el mundo que lo rodea.

Para ayudarte a sentirse cómodo y seguro, y para ayudarte a comprender exactamente cómo ser empático afecta tu vida, exploraremos las señales de ser empático y los síntomas comunes que probablemente hayas experimentado en tu vida. Esto te ayudará a determinar si eres empático o no, y cómo la empatía afecta tu vida. Aunque discutiremos una serie de señales en este capítulo, es importante recordar que resonando con solo uno de estos es suficiente. No es raro que los empáticos sientan una conexión con tres o más de ellos, pero no te desanimes si solo uno o dos se ajustan a tu experiencia de vida.

Cada empático es único en la forma en que se manifiesta su don. Por lo tanto, es posible que algunas de estas señales resuenen más intensamente que otros. También puedes estar de acuerdo hasta cierto punto con cada uno de ellos. Mientras puedas resonar profundamente con al menos uno o dos de estos signos, es probable que seas un empático. Probablemente experimentarás mas estos signos a un nivel más profundo a medida que te sumerjas en tu don y aceptes la realidad del empático.

Las señales de los empáticos

La gente señala tu sensibilidad

Otras personas tienden a reconocer una mayor sensibilidad en los empáticos, que a menudo señalan en diferentes momentos de sus vidas. Tu mayor sensibilidad puedo haber sido elogiada en el pasado como una señal maravillosa de que tiene un gran corazón, o pudo haber sido usada en tu contra en aquellos que afirman que tu sensibilidad es una debilidad. Las personas que señalan tu sensibilidad son una experiencia común para muchos empáticos.

Ser sensible hasta el punto en que otros reconocen que la sensibilidad puede sentirse como una bendición o una maldición, dependiendo de cómo reaccionen los demás. Si te han hecho sentir intimidado por tu sensibilidad en el pasado, podrías sentir que esto es una debilidad, y que debes tratar de ser más fuerte y tener un "caparazón" más duro. En este caso, deberás concentrarte en sanar al niño que llevas adentro de estos incidentes de intimidación, para que puedas aceptar tu sensibilidad como un regalo.

Si has experimentado esto como algo positivo en tu vida, como personas que comentan cuánto te valoran como persona sensible, a veces puedes ser explotado por tu sensibilidad. Aunque este no es siempre el caso, muchos empáticos tienden a apoyarse en las personas agradables y "dan" su energía a través de su sensibilidad para mantener un ambiente positivo alrededor de los demás. Si estás rodeado de personas y comienzas a experimentar las emociones que ellos mismos están experimentando, probablemente eres un empático.

Los empáticos a menudo reportan que sienten las

emociones de otras personas profundamente, y con frecuencia las expresan de manera más clara y efectiva que la otra persona. Por ejemplo, si alguien escucha malas noticias y se siente conmocionado y triste, puede experimentar la energía de esas noticias a través de ellas, y más intensamente que ellas, por lo que puede encontrarse llorando por las noticias, aunque no le afecte. Esta pantalla puede ser aún más "llamativa" que la otra persona que puede luchar para sentir y procesar sus emociones de manera efectiva.

También puede ser abrumador para ti estar rodeado de personas que no saben cómo procesar sus emociones de manera efectiva. Es posible que percibas un sentimiento constante e intenso dentro de las personas que tienden a reprimir sus emociones, que proviene de tener demasiadas emociones no expresadas. También puedes sentirte abrumado por las personas que se expresan en voz alta o agresivamente, porque la producción de energía es muy intensa.

Los sentimientos negativos agotan

Los empáticos a menudo están abrumados por los sentimientos negativos. Esto incluye sentirse abrumado por los sentimientos negativos de otras personas y los suyos. Los sentimientos negativos a menudo vienen con una energía pesada y densa que puede dejar un sentimiento de empatía, como si la emoción misma los estuviera agobiando. Como resultado, puedes estar agotado, frustrado y tener dificultades para expresarte. Un deseo intenso de apartar la energía de ti puede llevar a evitar o negar sentimientos negativos como una forma de evitar enfrentar esta gran densidad de emociones.

Algo sorprendente es que muchos empáticos no son plenamente conscientes de que los sentimientos positivos también pueden llegar a ser abrumadores. La energía positiva se emite a una frecuencia alta y puede provocar sentimientos de ansiedad, especialmente cuando se experimentan por períodos más largos. Después de una intensa experiencia positiva, no es inusual que un empático se sienta particularmente agotado porque la frecuencia de energía era muy alta e intensa. Si eres un empático que aún no has aprendido a dominar tu don, es probable que te encuentres extremadamente abrumado en las multitudes como resultado de esto.

Cualquier lugar con una gran multitud de personas puede ser exhaustivo, debido a la gran cantidad de energía que constantemente tienes que absorber y procesar. Es posible que sientas que te mueves lentamente a medida que las energías a tu alrededor se mueven a la velocidad de la luz. Las dos frecuencias completamente diferentes pueden llevar a una intensa sensación de agotamiento, y pronto dicha abruma se lleva a cabo. Debido a esto, el deseo de abandonar o evitar todas las multitudes es algo que crece dentro de muchos empáticos en un esfuerzo por evitar los sentimientos incómodos asociados con ellos. Si sientes una ansiedad intensa por las multitudes, pero prefieres ser una persona extrovertida y social, el conflicto interno puede ser sumamente frustrante cuando intentas equilibrar la ansiedad con tus deseos extrovertidos.

Lo bueno es que puedes cambiar la forma en que te acercas a las multitudes, y participar con éxito en experiencias extrovertidas e incluso prosperar al aprender a dominar tu energía y manejarte en lugares con energías más ocupadas.

En un mundo donde todos parecen esforzarse por volver a conectarse con su intuición, es posible que tengas dificultades para relacionarte con este deseo. Para ti, estar en contacto con tu intuición siempre te ha llegado naturalmente, y te sorprendería que no sea lo mismo para los demás. Siempre has experimentado el aporte de tu intuición desde que tienes memoria, y siempre ha sido correcto. Sin embargo, si eliges creerlo o no, puede ser una historia completamente diferente. Debido a lo "dura" que ha sido la sociedad durante tanto tiempo, muchos empáticos ignoran descaradamente su intuición y, en cambio, siguen lo que "se supone que deben hacer". Esto a menudo lleva a que se trace el camino equivocado, y que hagan cosas indebidas que pueden llevar a una gran cantidad de problemas y consecuencias.

Si te has encontrado con dificultades para confiar en tu intuición a pesar de que siempre parece correcta al final, no estás solo. A medida que sanes la relación contigo mismo y tu conciencia superior, aumentará tu capacidad de confiar y actuar según tu intuición, y verás que no lucharás tanto.

Tu umbral de dolor es bajo

Muchos empáticos encuentran que su umbral de dolor real para las experiencias físicas y emocionales es particularmente bajo. Recibir tus vacunas, al cortarte con papel, o tener dolor de cabeza puede ser particularmente intenso para ti. Es posible que incluso lo sientas tan mal que te da vergüenza experimentar estas cosas con otros por miedo a cómo reaccionen ante tu respuesta a un estímulo doloroso.

Es posible que te evites lugares de mucho dolor, como consultorios médicos u hospitales porque es un desafío para ti estar cerca de tantas personas que sufren. Los demás que sufren no solo crean una energía difícil para que la abraces, sino que también la energía del edificio puede afectarte. Prefieres evitar estos lugares tan a menudo como sea posible para que no sea necesario abrazar la energía del dolor.

Tu conciencia física es fuerte

La gente probablemente no te cree, pero puedes sentirte enfermo antes de que comience cualquier síntoma. Puede sentir que algo crea enfermedades en tu cuerpo y puedes reconocer qué cambios suceden en tu cuerpo, incluso si estos cambios no son significativos. Es posible que a veces ni siquiera puedas describirlos como un síntoma particular, porque es muy sutil y, sin embargo, tan obvio para ti. Es probable que los dolores de cabeza, los trastornos gastrointestinales y dolores musculares sean los mismos. Algunas personas pueden pensar que eres hipocondríaco porque reflexionas constantemente sobre los cambios en tu cuerpo y, en algunos casos, puedes estar preocupado de que algo malo esté sucediendo.

Cuando intentas explicar las cosas a los médicos, pueden tener dificultades para obtener un diagnóstico claro porque lo que experimentas es algo de lo que la mayoría de la gente no habla, por lo que no pueden vincular los síntomas con ninguna enfermedad reconocida. La mayoría de las personas probablemente experimentan estos síntomas, pero no los reconocen porque carecen de la conciencia física que tienes. Sin embargo, tus inquietudes valen la pena y, al final, a menudo se descubre algo que puede causar tus síntomas. La razón principal por la que no fueron considerados anteriormente es porque tu médico probablemente no reconoció que los notó antes de lo que otros lo habrían hecho, por lo que asumieron que las causas probables eran poco probables.

Hay medios o imágenes que son negativas y difíciles de ver

Quizá te sientas sumamente incómodo al ver imágenes de crueldad o al escuchar historias de dolor sentidas por otros. Podrías sentir náusea y estar casi enfermo por las historias que escuchas o las imágenes que ves. También puedes sentir un intenso brote de dolor casi como si también estuvieras sufriendo. Probablemente hayas creado un entorno en el que no prestes atención a las noticias, leas los tabloides, o te navegues en ciertos sitios de redes sociales porque temor al dolor que sentirías si encuentras un artículo negativo. En lugar de arriesgarte, prefieres evitarlo y mantener tu energía segura y libre de cualquier enfermedad o dolor de tales historias o imágenes.

Puedes notar a un mentiroso

Puedes saber intuitivamente cuando alguien no te dice la verdad. Aunque probablemente no puedas explicarlo, puedes sentir por dentro cada vez que alguien te dice una mentira, o alguien a tu alrededor deliberadamente oculta la verdad. Es una energía que te hace sentir escéptico e incómodo, y te apoya en tu creencia de que lo que dijiste fue deshonesto. La energía de las personas que mienten puede ser extremadamente incómoda para ti, por lo que puedes evitar por completo a los mentirosos. Si alguien que conoces o con quien pasas el tiempo miente con frecuencia, es probable que minimices tu tiempo con él, o encuentres una manera educada de terminar tu relación con él. El sentimiento en sí mismo es incómodo y puede ser muy agotador, y no deseas pasar tiempo con mentirosos. Evitas tales relaciones como la peste.

Los estimulantes o medicamentos parecen más fuertes.

Si tomas un estimulante o medicamento, o cualquier otra cosa que de alguna manera pueda "intoxicarte", es probable que te afecte mucho más que la persona promedio. La cafeína, por ejemplo, puede tener un impacto particular en ti al hacerte sentir con demasiada energía cada vez que la ingieras. El alcohol puede ser algo que debes disfrutar con moderación para evitar sobrepasarte, e incluso puede hacer que tus dones empáticos sean más abrumadores de lo normal en algunos casos. Muchos empáticos dicen que incluso tienen dificultades para tomar ibuprofeno para los dolores de cabeza porque tienen un impacto tan fuerte en ellos. Debido a tu mayor conciencia física, es posible que también te resulte difícil aceptar las diferencias asociadas con la toma de medicamentos como analgésicos. Cada vez que los sientas en tu sistema, se puede crear una sentido de incomodidad o ansiedad que dura hasta que el medicamento abandone tu cuerpo sistema por completo. En cambio, esto puede llevarte a evitar los analgésicos y recurrir a remedios naturales, que al final te harán sentir mejor.

Experimentando los síntomas de otros

La capacidad de experimentar síntomas de otras personas es un síntoma común y a veces extraño que las personas experimentan cuando son empáticos. Si alguna vez has estado cerca de alguien que reportó tener un cierto síntoma, como tener dolor de cabeza, y luego comenzaste a sentir dolor de cabeza, eres un empático. Esta dinámica particular puede ser desafiante porque otros pueden sentir que intentas competir con ellos y sus síntomas como una forma de llamar la atención de los demás. La realidad es que no sucede. En cambio, sientes una fuerte simpatía hacia esta persona que tomas sus síntomas. Los embarazos empáticos que experimentan los esposos u otras personas particularmente cercanas a las mujeres embarazadas son un caso común y, a veces, gracioso cuando esto sucede. Por ejemplo, si un esposo está con su esposa embarazada en la otra habitación y comienza a experimentar lo que cree que son contracciones, experimenta una resonancia empática.

Los empáticos a menudo entienden esto, y a veces ni siquiera saben acerca de las personas. Dado que los empáticos tienden a simpatizar con todos, pueden tomar estos síntomas extraños de cualquier persona, a veces incluso sin que la persona mencione nada sobre el síntoma. Un desafortunado efecto secundario de ser un empático es que quizá tiendes a atraer personas narcisistas a tu vida. Los narcisistas son personas que no tienen la capacidad de experimentar o empatizar. Aunque pueden imitar efectivamente signos de empatía, no pueden sentirlo en sí

mismos, lo que a menudo conduce a comportamientos dañinos.

Los narcisistas tienden a ser muy abusivos y manipu-
ladores, y se sabe que sus "víctimas" causan un
inmenso sufrimiento psicológico y emocional. Como
empático, tienes algo que les falta a los narcisistas:
empatía. Además, la tienes en exceso a comparación
con los demás. Por lo tanto, eres un candidato ideal
para ellos porque saben que es más probable que seas
empático con ellos y con su sufrimiento interno. A
cierto nivel, puedes sentir el dolor que han experimentado, lo cual los ha vuelto incapaces de empatizar
con ellos mismos o con cualquier persona que los
rodea, y esto te lleva a sentir pena por ellos. Incluso si
no puedes arreglarlos, es posible que lo intentes. Al
final, el narcisista te manipula y lastima, y el ciclo
nunca termina. Debes aprender a poner fin a las relaciones con los narcisistas y eliminar la creencia de que
eres responsable de su capacidad de sanarse a sí
mismos si no están dispuestos, o no pueden sanarse.

Podrías beneficiarte al leer más sobre el narcisismo y
comprender cómo estas relaciones son como son, y
por qué nunca cambian. Esto puede ayudarte a
terminar tu relación con los narcisistas y evitar que
entables relaciones futuras, y así dejar de ser explo-

tado por personas que realmente no pueden entender que te están explotando. Tiendes a ser extremadamente compasivo con los demás cuando sufren porque los "entiendes" de una manera que nadie más puede.

Como resultado, probablemente encontrarás muchas personas que vienen a apoyarte. Incluso podrías descubrir que las personas que nunca has conocido antes parecen saber que eres es solidario y empático, por lo que se abren a ti sin saber quién eres. Por supuesto, todavía los apoyas como lo sospechaban, porque eso es lo que eres. Apoyar a otros parece ser tu don natural, y a veces incluso puedes hacerlo en detrimento de ti mismo.

Tu empatía puede dificultarte reconocer cuándo necesitas dejar de apoyar a los demás y, en cambio, ofrecerte a ti mismo apoyo, para que de vez en cuando puedas dar demasiado de ti mismo y energía a los demás.

Experimentas fatiga

A menudo, la constante absorción y expresión de energía en ti y a tu alrededor puede llevarte a una sensación constante de agotamiento. A veces, el agotamiento puede sentirse puramente mental, y puedes sentir que tu cuerpo físico puede continuar por un tiempo.

Este tipo de fatiga puede provocar niebla cerebral, dificultad de concentración e incapacidad para involucrarte en tu entorno. Como consecuencia, puedes apartarte para descansar y no hacer nada, incluso si pudieras continuar físicamente si quisieras. Esto no significa que tampoco tengas fatiga física. De hecho, incluso después de un día sin hacer casi nada, puedes sentirte completamente agotado mental y físicamente. Si estás rodeado de demasiadas personas, tan solo sentarte en un escritorio puede parecer física y mentalmente agotador.

Incluso una excursión básica como ir de compras o comprar ropa puede abrumarte y hacerte sentir que no puedes trabajar sin un buen descanso. Mientras que otras personas hacen cosas a todas horas del día, puedes planificar tus salidas alrededor de los períodos de descanso para que después de todo el agotamiento que experimentes, puedas reducir la velocidad y ponerte al día.

Tu vida interior es muy vibrante

Los empáticos tienden a tener un mundo interior muy vibrante. Puedes ser rico en visiones, sueños, ideas y esperanzas que mantienes y cultivas regularmente. Si te quedas con tus propias herramientas, es probable que estas experiencias internas te hagan pasar tiempo soñando, creando o disfrutando de más experiencias místicas como viajes astrales o sueños lúcidos. A diferencia de otros, te vuelves enriquecedor y agradable debido a las muchas cosas en las que necesitas pensar, soñar y crear. De hecho, es posible que te sientas abrumado y frustrado si no tienes suficiente tiempo solo para involucrarte en tu mundo interior.

Regularmente programas un tiempo para estar solo y disfrutar de las cosas solo, lo que te ayuda a sentirte enriquecido y animado para que puedas disfrutar la vida más vibrantemente y con más satisfacción.

Experimentas sensibilidad a los sonidos y sensaciones.

Si no tienes cuidado, los sonidos y las sensaciones tienden a crear energías extremadamente agobiantes en ti. Como empático, es posible que te sientas abrumado y agotado por ciertos sonidos o por el volumen de diferentes sonidos. Algunos sonidos y sensaciones también pueden estimular otras sensaciones dentro de ti que crean una sensación de dolor o incomodidad.

Muchas personas entienden que escuchar las uñas en

una pizarra o el movimiento de las teclas puede hacer que su columna se estremezca. Probablemente tengas muchos detonantes para este tipo de sensaciones incómodas que no están estrictamente relacionadas con los sonidos. También podrías descubrir que otros sonidos o sensaciones crean una sensación increíblemente buena en ti. Por ejemplo, algunas bandas sonoras relajantes pueden hacerte sentir, casi al instante, una verdadera sensación de calma que puede anular fácilmente cualquier emoción que hayas experimentado antes.

Puedes encontrar diferentes sonidos y texturas en tu entorno, así como luces y ayudas visuales para crear estas sensaciones positivas y agradables.

Puedes sentirte sumamente agobiado y exhausto al tratar de lograr demasiadas cosas diferentes a la vez.

Intentar hacer algo tan simple como comer y mirar una película, por ejemplo, puede ser abrumador. Esto puede empeorar cuando intentas combinar muchas cosas diferentes, como completar una tarea mientras mantienes una conversación, y al mismo tiempo, intentas escribir notas sobre algo. O, si vas de compras y tratas de seguir bien tu lista mientras pasas por un pasillo con gente, y escuchas a tu esposo, puedes sentirte especialmente agobiada. A menudo, cuando intentas hacer muchas cosas a la vez, te sientes frustrado e irritado por los sentimientos agobiantes. Puedes descubrir que cuando realizas tareas múltiples, puedes decirle a otra persona algo desagradable o duro porque te resulta difícil concentrarte y te sientes frustrado.

Esto puede generar sentimientos de culpa e incluso más frustración, lo que lleva a una espiral de negatividad fuerte y desafiante en tu intento de hacer tareas múltiples. Como sabes que la multitarea puede causar tanta frustración, probablemente intentes evitarla a toda costa.

Tienes que gestionar tu entorno.

No es raro que un empático tenga ganas de gestionar su propio entorno. Tratar de obtener una sensación de control sobre tu entorno al administrar todo, y a todos los que ingresen en él, probablemente sea tu manera de asegurarte de que las energías no sean agobiantes.

Si te encuentra en un entorno que estás luchando por controlar, podrías sentir que tienes que abandonar el entorno porque simplemente no puedes interferir eficazmente con él. En tu hogar, probablemente sea bastante particular, no solo sobre cómo se ven las cosas, sino también cómo se sienten. Probablemente estés decorando y organizando de una manera que se sienta bien para ti, incluso si no necesariamente haga sentido para nadie más. Tu entorno puede parecer confuso o desorientado para los demás, pero se ve perfecto para ti.

No te gusta estar cerca de personas egoístas

Cuando estás cerca de alguien que actúa de manera egoísta, quizá intentes abandonar tal interacción de inmediato. Los egoístas tienden a crear sentimientos de frustración y ansiedad en los empáticos, porque pueden convertirse en vampiros enérgicos que absorben tu energía.

Esto puede ser agobiante, abrumador y exhaustivo. Si tienes una relación con alguien que es egoísta y no puede terminarlas, como una relación con un jefe o hermano egoísta, puedes tratar de crear la mayor distancia posible en dicha relación. Sientes que podrías evitar ser agobiado por esta persona evitándola, minimizando el tiempo que pasas en comunicación, y tratando de amortiguar tus encuentros con otra persona.

Puedes sentir cosas que no sientes

Otros pueden decir que es raro, pero puedes sentir la

energía de las cosas que te rodean. Las cosas que ni siquiera tienen sentimientos, como objetos inanimados o ciertos días de la semana, pueden tener una energía muy real y fuerte en tu mente. Por ejemplo, si ves un juguete en el estante equivocado, y un grupo de los mismos juguetes en un estante diferente, puede sentirte obligado a devolver el objeto colocado equivocadamente al otro grupo. Podrías sentir que está triste o solo, por lo que debes ponerlo de vuelta con el resto de sus "amigos".

Cosas como días de la semana, estaciones, e incluso palabras específicas tienen la energía para ti. Por ejemplo, si te despertaras en un domingo, tendrías una energía completamente diferente a un martes en base al día en sí, independientemente de tu agenda, o el estado de ánimo de alguien a tu alrededor. También podrías sentir una sensación de alegría ante ciertas palabras positivas, y una sensación de sufrimiento persistente ante ciertas palabras negativas. Es posible que tales energías no tengan sentido para nadie más que para ti, pero estás convencido que puedes sentirlas, y tienen un gran impacto en ti.

Escuchar es una de tus fortalezas

Eres un gran oyente en cualquier conversación. Puedes "escuchar" intuitivamente todo lo que la persona no dice por encima de lo que dice, lo que te lleva a saber lo que quieren decir, o lo que sienten, incluso si han batallado para comunicarse eficazmente. Esta habilidad de escuchar información no hablada significa que puedes entender a la gente de una manera que otras personas no pueden.

Las personas a menudo se sienten muy bien recibidas a tu alrededor, como si pudieran expresarse con mayor autenticidad porque saben que "lo entiendes". Incluso puedes participar activamente en una carrera o pasatiempos que giran en torno a escuchar porque eres muy bueno en eso. Puede ser fascinante para ti escuchar a las personas, y escuchar todo lo que hacen y no dicen, y darles una sentido de verdadera comprensión. Esto es especialmente cierto si tienes el llamado empático de sanador o de maestro. En tu rico mundo interior, y tu constante estado de alerta energética, a menudo pueden crear experiencias de vida increíblemente maravillosas y enriquecedoras. Sin embargo, en ciertas circunstancias, también podrías hacerte sentirte sumamente aburrido y retraído.

Tratar de realizar tareas cotidianas, como escuchar en las juntas de trabajo, o ingresar datos en las computadoras puede ser sumamente aburrido para ti porque tu mente quiere participar activamente y trabajar. La mente está acostumbrada a estar "en movimiento", por lo que se frustra y trata de encontrar cosas nuevas que hacer cada vez que estés en reposo, o estacionado. Regularmente puedes inclinarse hacia experiencias más enriquecedoras que atraigan sus talentos naturales para la comunicación o la creación como una forma de frenar tu aburrimiento.

Este tipo de experiencias te permiten jugar de manera más divertida con la energía, y te ayudan a sentirte mejor en tu vida. Puedes sentir tu energía entrar en juego cuando te involucras en estas experiencias, y la experiencia probablemente satisfaga toda tu sensación de estar con sentimientos de alegría y satisfacción.

Muchos empáticos experimentan un estilo de vida introvertido porque luchan por participar en entornos activos o agobiantes. Los empáticos que son tímidos por naturaleza, o incapaces de manejar su energía de manera más saludable, tienden a aislarse del mundo externo excesivamente enérgico. Los empáticos pueden minimizar la cantidad de energía que los rodea y sentirse más seguros de controlarse a sí mismos y sus respuestas al retirarse a un estilo de vida introvertido. Incluso los empáticos que quieren ser extrovertidos probablemente se aparten como una forma de salvarse de las energías externas del mundo.

Esto puede llevar a sentimientos de conflicto interno y frustración a medida que el empático lucha por decidir si salir y participar en el mundo y sentirse abrumado, o quedarse en casa y cuidar sus energías.

Las relaciones íntimas pueden ser abrumadoras

Para algunos empáticos, puede ser particularmente abrumador entablar relaciones íntimas. La relación íntima puede sentirse como un pozo de energía donde el empático necesita invertir más de sí mismo de lo que puede, incluso si la relación sigue una dinámica saludable. Para un empático que está acostumbrado a vivir solo, puede ser abrumador y frustrante dar la bienvenida a alguien nuevo en su espacio. Pueden encontrarse evitando por completo las relaciones íntimas para poder controlar su espacio personal de manera más efectiva.

Si sientes que las relaciones íntimas son especialmente difíciles para ti, los empáticos que aún no tienen claro cómo establecer y mantener límites de energía saludables entre ellos y los demás, probablemente experimentarán un revés común. A medida que aprendas a sanar tus energías y afirmar tus límites, construir y fomentar relaciones íntimas será mucho más fácil para ti.

La naturaleza a menudo te parece increíble

Los empáticos tienen experiencias increíbles en la naturaleza. Si bien la naturaleza misma es hermosa para cualquiera que elija disfrutar del tiempo en ella, los empáticos pueden ingresar a la naturaleza como una forma de nutrir su sensación de bienestar y liberar las acumulaciones de energía que pueden experimentar.

La naturaleza es una base para los empáticos que los ayuda a sentirse finalmente libres de ser como deben ser. Si descubres que la naturaleza misma es como un amigo que te ayuda a vivir tu mejor vida, quizá la naturaleza sea donde finalmente tengas la oportunidad de sentirte en paz con tu vida. Pasar mucho tiempo en la naturaleza puede ayudarte a sentirte nutrido y sanado para poder disfrutar plenamente tu vida. También puedes llevar la naturaleza al interior con plantas y animales domésticos que te ayuden a sentirte conectado con la belleza de la naturaleza sin pasar todo el tiempo al aire libre.

Tienes un gran corazón

Quizá seas una persona amable y amorosa. Los

empáticos son conocidos por sus grandes corazones y su capacidad de mostrar amor sin reservas ni inhibiciones a muchas personas diferentes. Los empáticos rara vez sienten que el amor debe "ganarse" o darse lentamente.

Se alegran de compartir su amor y amabilidad con cualquiera con quien puedan cruzarse y hacerlo con la generosidad de su propio corazón. Los empáticos no distribuyen grandes cantidades de amor para esperar ser amados, sino porque la energía del amor llena a un empático, y les encanta compartirlo con todos. Si te encuentras soltando notas de amor aquí y allá, y el emoji del corazón es uno de los emojis más usados, quizá seas un empático. Tu deseo de difundir el amor en todas partes proviene de tu propósito divino interno de amor y compasión para sanar a las masas. Cuanto más compartas tu amor con quienes te rodean, mejor te sentirás.

Tu búsqueda de la verdad

A los empáticos les disgusta mucho la energía de las mentiras y la deshonestidad, tanto que a menudo se encuentran buscando la verdad en la vida. Les gusta rodearse de personas honestas que también persiguen la verdad, ya que su energía tiende a sentirse más "pura" y "limpia". Los empáticos pueden detectar fácilmente la deshonestidad que se les muestra en los medios, la política, e incluso en la educación. Raramente caen en las trampas de la sociedad, y casi siempre buscan formas de encarnar y aceptar la verdad colectiva, y la verdad personal en sus propias vidas.

Si eres escéptico acerca de lo que las masas tienden a considerar "verdadero", y regularmente buscas formas de entender cuál es la verdad real, quizá seas un empático que busca la honestidad. Al encontrar la honestidad, los empáticos pueden apoyar a la sociedad sanando, enseñando y defendiendo la verdad, y poniendo fin a muchos de los diversos sufrimientos que enfrenta la sociedad. Nos movemos constantemente hacia una sociedad nueva y más saludable gracias a los empáticos.

Experimentas cambios frecuentes de humor

Puedes experimentar cambios de humor frecuentes como un empático que no está consciente de cómo pueden manejar su propio campo de energía en cualquier situación diferente. Los cambios de humor surgen como resultado de la gente que te rodea y agotan tu energía. Esto es como experimentar los síntomas de otras personas, salvo que tu también tienes emociones. Es posible que este síntoma aumente en multitudes más grandes, o en entornos particularmente emocionales.

Esto se debe a que muchas más personas están rodeadas de emociones que afectan tu energía. Sin embargo, en entornos tranquilos y tranquilos, aun puede suceder. Incluso los simples cambios climáticos, la hora en el reloj, o la energía de tu entorno (o las noticias de las redes sociales) pueden afectar tu energía, que luego afecta tu estado de ánimo.

Andarse con rodeos

Los empáticos no suelen andar con rodeos. Se dan cuenta que retener la verdad, o tratar de contarla de una manera más agradable, puede vencer el propósito del mensaje y evitar que la otra persona lo entienda completamente. Incluso si es difícil e incómodo, casi siempre lo dice un empático.

3

EL FENÓMENO EMPÁTICO

*E*l fenómeno de la empatía es una forma para que los psicólogos y psiquiatras miren el mundo de los dones empáticos y descubran por qué todos los empáticos sienten, piensan y actúan de la misma manera. Los investigadores han descubierto cinco razones principales por las cuales los empáticos son así al mirar las mentes de los empáticos. Descubrieron cómo el sistema de neuronas espejo, los campos electromagnéticos, la infección emocional, la mayor sensibilidad a la dopamina y la sinestesia se unen para apoyar a los empáticos con sus dones.

Hay una ciencia detrás de tus dones que explica por qué funcionan y cómo te afectan. Exploraremos estos cinco factores en este capítulo y descubriremos cómo te ayudan a ser un empático. Esto te ayudará a sentirte más seguro acerca de tu don al darte cuenta que es muy normal y experimentado por muchas personas. Al comprender la ciencia de los empáticos, también podemos descubrir cómo puede tener lugar la sanación para que puedas sanar y experimentar la vida como un fuerte empático que prospera todos los días. No tiene que sentir que sufres de tu sensibilidad, *puedes abrazarla.*

El sistema de neuronas espejo

Hay un grupo específico de células cerebrales especializadas en tu cerebro diseñado solo para fines de compasión. Estas células cerebrales funcionan de una manera que permite a las personas reflejar las emociones o sentimientos de otras personas, como el miedo o la alegría. Podemos experimentar compasión entre nosotros con estas células cerebrales para poder apoyarnos mutuamente de muchas maneras diferentes a lo largo de la vida. Por ejemplo, si tu hijo llora, tu sistema de neuronas espejo también te haría sentir triste. Si tu amigo está feliz con su reciente ascenso en el trabajo, estarías feliz *por* él, y también *con* él. A través de esta capacidad de reflejar las emociones de los demás, realmente puedes compartir tu experiencia y ofrecer tu apoyo de cualquier manera.

Esto nos ayuda a profundizar nuestras relaciones

emocionales, y nos ayuda a tener un sentido más fuerte de comunidad con quienes nos rodean. Se cree que los empáticos tienen un conjunto de células de neuronas espejo hiperreactivas que permiten que los empáticos resuenen con los que los rodean a un nivel aún más profundo. Esto permite que los empáticos sientan vínculos aún más profundos con quienes los rodean, lo que les permite sentir como si pudieran sentir las emociones o el dolor de otra persona. Dado que la resonancia es más profunda y el reflejo es más fuerte, los empáticos pueden incluso llorar con alguien que sufre porque pueden reflejar muy fuerte-mente las emociones de la otra persona.

Los narcisistas, sociópatas y psicópatas contrastan con los empáticos. Estas son personas que se cree que tienen lo que se conoce como un "trastorno de empatía deficiente", lo que significa que su sistema de neuronas espejo es de hecho poco activo. Estas personas no pueden experimentar el amor incondi-cional, y tienden a dañar a los demás como una forma de sentirse bien en sus propias vidas. Se sabe que se aferran a los empáticos o a las personas que probablemente experimentan niveles más altos de empatía porque los anhelan ellos mismos, pero no pueden producir emociones empáticas por sí mismos.

Campos electromagnéticos

La ciencia ha demostrado que tanto el corazón como el cerebro pueden producir activamente campos electromagnéticos pulsados en el espacio del individuo. El Instituto HeartMath afirma que estos campos electromagnéticos son capaces de transmitir información a otras personas sobre la energía de una persona, como sus emociones (energía en movimiento). En general, todos pueden percibir y recopilar información de estos campos electromagnéticos de forma intuitiva, incluso si no se dan cuenta de que lo están haciendo activamente.

Sin embargo, se cree que los empáticos son más sensibles a estos campos de energía, y a menudo pueden verse abrumados por ellos, porque no saben lo que está sucediendo, y es posible que no puedan distinguir la diferencia entre su propio campo electromagnético y el de alguien más. Con sus propios campos electromagnéticos, intuitivamente podemos captar la luna, el sol, la tierra y muchas otras cosas.

También se cree que los empáticos están más en sintonía con estos campos electromagnéticos, como con otros humanos. La mayoría de los empáticos creen, sin lugar a dudas, que la salida electromagnética del sol, la luna y la tierra puede influir significativamente en su energía y mente. Dicho esto, no todos se dan cuenta de que proviene del campo electromagnético respaldado por la ciencia que existe en torno a diferentes personas y cosas.

Contagio emocional

Se cree que un fenómeno conocido como "contagio emocional" es parte de una capacidad empática de sentir tan fuertemente que otras personas también lo hagan. La investigación ha demostrado que la persona promedio puede sentir y comprender las emociones de otras personas cuando están cerca. En un hogar donde una persona llega malhumorada a casa después de un mal día, y luego todos los demás parecen sentirse malhumorados, el contagio emocional puede ser mejor reconocido.

Por lo general, las personas pueden "captar" los sentimientos de otra persona y extenderse sobre un grupo de personas como una ola, llevando rápidamente a muchas personas a la misma experiencia emocional. Los psicólogos creen que la infección emocional es la forma en que los grupos de personas pueden mantener buenas relaciones: pueden entenderse íntimamente y expresar emociones y conexiones similares. Como era de esperarse, se cree que los empáticos tienen una mayor capacidad para "captar" los sentimientos de otras personas a través de este mismo fenómeno. Como tal, sienten las emociones de otras personas de una manera particularmente intensa que pueden sentir que la emoción es auténticamente propia, cuando en realidad proviene de otra persona.

Mayor sensibilidad a la dopamina

La dopamina es un neurotransmisor conocido por aumentar la actividad de las neuronas cerebrales. Las respuestas, incluyendo el placer, están asociadas con la dopamina. La investigación ha demostrado que los empáticos identificados como introvertidos tienen una mayor sensibilidad a la dopamina que los extrovertidos. Esto significa que un empático tímido requiere menos dopamina para responder a los estímulos en su entorno con placer. Esto quizá explique por qué los empáticos introvertidos son más felices de hacer algo tranquilo y relajado que algo extrovertido: demasiada estimulación que produce demasiada dopamina puede provocar sentimientos de agobio y ansiedad debido al aumento significativo del placer.

Los empáticos que se identifican como extrovertidos siguen siendo particularmente sensibles a la dopamina, pero la forma en que procesan la dopamina es completamente diferente de los empáticos introvertidos. En lugar de sentirse abrumados por el exceso de dopamina, los empáticos extrovertidos realmente anhelan la dopamina y se encuentran haciendo cosas en busca de un "alto nivel de dopamina". Esto significa que se involucran regularmente en entornos activos, se unen a las multitudes y disfrutan el lado extrovertido de la vida como una forma de sentirse alentados y positivos en sus vidas.

Sinestesia

Un estado conocido como "sinestesia espejo-táctil" parece estar más alineado con el fenómeno de la empatía. La sinestesia es una condición neurológica que combina dos sentidos completamente diferentes en el cerebro. Por ejemplo, si escuchas una pieza musical en particular y comienzas a ver ciertos colores en el ojo de tu mente, se produce sinestesia. La sinestesia de toque de espejo es una variación amplificada de esta condición en la cual las personas pueden sentir las emociones y sensaciones de otras personas en su propio cuerpo.

La forma en que sienten estas sensaciones parece sucederles cuando no están en realidad. Sin embargo, un empático probablemente no conocerá la diferencia, ya que es posible que no sepan lo que realmente está sucediendo. Puede sentirse tan convincente para ellos que realmente creen que algo les está sucediendo directamente afecte sus emociones.

Este fenómeno no solo explica con precisión lo que les sucede a los empáticos durante sus experiencias empáticas, sino que también da una razón clara de por qué suceden estas cosas. Como ya sabes, ser un empático es una experiencia muy real y se está involucrado principalmente en campos electromagnéticos y sinestesia con espejo táctil.

La pregunta ahora es: ¿cómo puedes incorporar la sanidad en tu vida para poder tener más control sobre estas experiencias y dejar de sentirse atrapado en un círculo vicioso del que no puedes escapar?

La respuesta es bastante simple: tienes que comenzar a sanar. Una forma de comenzar la sanación es a través de la curación energética que te ayuda a mantener tus propios campos electromagnéticos limpios y cómodos. También debes concentrarse en vivir tu propia vida y recuperar cualquier control que hayas perdido a través de experiencias traumáticas o dolorosas previas. Puedes tomar el control de tus energías y comenzar a vivir tu mejor vida sanando tu pasado y permitiéndote recuperar el control.

4

PRÁCTICAS DE SANACIÓN
ENERGÉTICA

*L*a sanación energética es una de las prácticas curativas más esenciales que un empático puede aprender. Las prácticas de sanación energética permiten a los empáticos comenzar de inmediato el proceso de curación sin involucrarse en la sanación psicológica pasada, presente o futura. Aunque estos tipos de sanación psicológica siguen siendo beneficiosos y, a menudo, necesarios, puedes comenzar a experimentar un alivio significativo de tus síntomas al participar en prácticas de sanación enérgicas.

Hay dos formas en que puedes optar por las prácticas de sanación energética que te brindan un gran apoyo y beneficios. Uno incluye que un profesional capacitado realice la curación por ti, y el otro incluye trabajar contigo mismo. Idealmente, debes participar en ambos estilos para obtener los máximos beneficios de la sanación. Durante los momentos en que desees practicar un autocuidado adicional, o experimentar un enfoque más directo, un sanador de energía debe ser entrenado por expertos en cualquier modalidad que se sienta adecuada para ti. Saber cómo sanar tu propia energía te permite mantener el control de tu energía y mantener un estado óptimo de salud energética durante los períodos entre sesiones.

Exploraremos las muchas variaciones de sanación energética disponibles en este capítulo y cómo puedes usarlas en tu propia vida. Muchas de estas prácticas de curación de energía las puedes hacer tu mismo, o con el apoyo de un profesional experimentado para que puedas beneficiarte plenamente de tu experiencia de sanación de energía. Si nunca antes has experimentado la sanación de energía, ¡estas prácticas aún pueden usarse para empezar a tomar el control de tu energía ahora mismo!

Acupuntura

La acupuntura es un tipo de curación energética que los practicantes experimentados deben llevar a cabo de manera muy específica. Se insertan pequeñas agujas en tu piel en diferentes meridianos alrededor del cuerpo con acupuntura. Los meridianos son áreas donde se cree que la energía se acumula y, a veces, está "atrapada" en el cuerpo. Se cree que se puede restablecer el equilibrio dentro del cuerpo insertando suavemente las agujas en estos meridianos. Este método de curación se basa en antiguas prácticas de medicina china diseñadas para ayudar a las personas a liberar el dolor crónico y el dolor emocional y espiritual.

Esta modalidad de energía funciona con el sistema psicosomático para apoyar la curación energética completa en cualquier persona que la experimente. La acupuntura puede ser realizada por un terapeuta profesionalmente capacitado que puede usar la acupuntura para tener en cuenta tus necesidades de curación de energía y promover el flujo de energía en tu cuerpo.

Limpieza del Chakra

Chakra es una palabra Sánscrita para "rueda" o "disco" que se refiere a siete centros de energía en el cuerpo humano. Estos centros de energía se encuentran en la base de la columna vertebral, ligeramente debajo del ombligo, en el plexo solar, en el corazón, en la garganta, ligeramente por encima y entre las cejas y en la coronilla.

Cada persona tiene su propio color, nombre y significado para lo que estos representan en su cuerpo, vida y ser espiritual. Los empáticos que regularmente no limpian activamente su energía tienden a encontrar sus chakras hiperactivos o poco activos. Se cree que el desequilibrio en los chakras produce un equilibrio poco saludable dentro del individuo en cualquier estado, que puede conducir a experiencias de energía negativa o no deseada.

Por ejemplo, un chakra hiperactivo del tercer ojo (el que está ligeramente por encima de las cejas) puede provocar visión excesiva o estimulación mental. Un chakra inactivo del tercer ojo puede hacer que luches por experimentar cualquier visión, tal vez incluso te encuentres incapaz de usar tu imaginación o de participar en un pensamiento creativo. Saber cómo limpiar tus chakras comienza por encontrarlos y sentirlos.

Una excelente manera de hacerlo es acostarse boca arriba, relajarse en un estado meditativo y pasar la mano sobre tu cuerpo aproximadamente seis pulgadas. Comienza pasando por tu chakra de la raíz, y ve si puedes sentir alguna energía proveniente de él. Cuando "leas" cada uno de tus siete chakras, mueve tu mano hacia arriba.

Tener una idea de cómo se sienten tus chakras es

una excelente oportunidad para explorar y comprender tus chakras, y cómo te sientes. Puedes comenzar a practicar la limpieza de chakras en cada uno de tus chakras una vez que las hayas localizado. Cada chakra generalmente requiere su propia práctica de equilibrio única si no usas Reiki, que aborda cada chakra en un proceso holístico. Cada chakra se puede equilibrar sobre la base de si tu exploración corporal es hiperactiva o poco activa. A continuación se enumera cada chakra, con su nombre, color, significado y práctica curativa definida:

Chakra de la Raíz (Muladhara)

Ubicada en la base de la columna vertebral, tu chakra es rojo y representa tu conexión con la tierra y la parte inferior del cuerpo (es decir, piernas, rodillas y pies). Al caminar descalzo en la naturaleza, pasar tiempo en la naturaleza, o comer alimentos rojos saludables como tomates, bayas y manzanas, puedes sanar tu chakra de la raíz.

Chakra Sagrado (Swadhisthana)

Ubicado ligeramente debajo del ombligo, este chakra es de color naranja y representa tu creatividad, y tus órganos reproductivos. Puedes sanar tu chakra sagrado nadando, relajándote, o comiendo alimentos anaranjados, como zanahorias, melones, mangos o naranjas.

Chakra del plexo solar (Manipura)

Ubicado sobre el plexo solar, este chakra es de color amarillo y representa tu poder personal y su verdadera esencia. El chakra del plexo solar afecta el sistema digestivo. Tu chakra del plexo solar puede curarse pasando tiempo al sol brillante, disfrutando de un fuego amigo, o comiendo alimentos amarillos como plátanos, piña, cúrcuma o maíz.

Chakra del corazón (Anahata)

Este Chakra se puede encontrar justo encima de tu corazón y es de color verde. Tus emociones están representadas aquí y afecta el sistema cardíaco y todos los órganos relacionados con el flujo sanguíneo. Al respirar aire fresco o pasar tiempo con las ventanas abiertas, puedes sanar tu chakra del corazón. También puedes sanarlo comiendo alimentos ricos en clorofila como el aguacate, el brócoli y todas las verduras de hoja verde.

Chakra de la garganta en la garganta (Vishuddha).

Este chakra es de color azul y representa tu habilidad para hablar con otros de manera amable y clara. Tu garganta, boca y salud bucal se ven afectados. Al cantar, sentarse bajo un cielo azul brillante, o comer alimentos azules como los arándanos, las frutas del dragón o las grosellas, puedes curar tu chakra de la garganta.

Chakra del tercer ojo (Ajna)

Este chakra, que se encuentra entre tus cejas y ligeramente por encima de ellas, es índigo y representa tu capacidad de experimentar el mundo espiritual con visiones, pensamientos imaginativos y "observando". Tu cerebro y tus ojos están afectados. Al sentarte al sol o comer alimentos índigo como uvas y moras, puedes limpiar tu chakra del tercer ojo.

Corona Chakra (Sahasrara)

Ubicado en tu cabeza y ligeramente por encima de la cabeza, este chakra es de color púrpura y representa tu capacidad de permanecer conectado a la fuente. También afecta tu cerebro, cuerpo y aura de energía. Al conectarse con todos los elementos, incluidos la tierra, el agua, el aire y el fuego, puedes sanar tu chakra de la corona. El chakra de la corona está fuertemente conectado con el espíritu, por lo que no está asociado con fuentes de alimentos en específico.

Curación Cristalina

Los cristales son una excelente manera de ayudarte a

experimentar un cuerpo de energía curativo y nutrido. Durante ciertas sesiones, como la meditación, puedes usar la sanación con cristales, o puedes usar la sanación con cristales llevando un cristal contigo durante tus actividades diarias. Los cristales y las gemas pueden ayudar a tu cuerpo, mente y espíritu a sentirte mejor cuando se trata de energía.

Los cristales se pueden usar para eliminar impurezas de tu cuerpo energético, equilibrar energías en el cuerpo, o inspirar y fomentar energías específicas en tu cuerpo. Cuando se trata de un ritual de curación oficial, los cristales a menudo se usan junto con la meditación colocándolos en el cuerpo en una llamada "rejilla de cristal". Esto se hace colocando cristales en tu cuerpo en puntos específicos, dependiendo de dónde se necesita más energía.

Las personas tienen muchas variedades de cristales diferentes disponibles, por lo que la mejor manera de asegurarte de usar los cristales correctos es considerar tus necesidades de energía (es decir, una energía más amorosa) y seleccionar el cristal apropiado para este propósito de sanación (es decir, cuarzo rosa). Luego puedes colocar tus cristales en las áreas de tu cuerpo donde desees enviar o eliminar esta energía en particular.

Por ejemplo, podrías colocar una pieza de amatista sobre tu tercer ojo si quisieras proteger tu tercer ojo. Si deseas una sanación completa con cristales, la mejor manera de garantizar que los cristales correctos se coloquen en las áreas correctas para fomentar tu curación es hacerlo con un sanador profesional de cristales. Tu guía también puede ayudarte a encontrar formas de utilizar la curación con cristales en casa para que puedas practicarlo tu mismo.

Hay formas casi infinitas de lograr esto cuando se usan cristales como una oportunidad para recibir la curación de ellos. Los cristales se pueden portar como prendas como aretes, collares, pulseras e incluso pinzas para el cabello.

Algunas personas también usan cristales de bolsillo, que son pequeñas piedras planas que pueden llevarse en tu bolsillo, y puedes frotarlas todo el día entre tus dedos. Al final, depende de lo que estés buscando en tu curación para elegir los cristales correctos para tus prácticas de curación. Hay cristales para prácticamente cualquier propósito, por lo que la mejor manera de determinar qué cristales necesitas es ir a una tienda metafísica y pedirle al encargado de la tienda que te ayude a encontrar los cristales correctos. Si estás buscando cristales específicamente asociados con la sanación empática, debes considerar incluir siete grandes piedras en tu colección.

Turmalina Negra

La turmalina negra es una piedra excelente para proteger tus energías y evitar que entren energías no deseadas en tu cuerpo áurico. Si mantienes una pieza contigo, cualquier energía que intente hacerte daño será expulsada por la energía de la turmalina negra. Lo mejor es usar turmalina negra como colgante o en el bolsillo.

Lepidolita

La lepidolita es una gran piedra curativa en el área de la ansiedad empática. Puedes reducir la ansiedad sobre las energías que sientes y experimentas con la lepidolita para poder abordar la vida de manera más deliberada, y con una energía más tranquila. La mejor manera de usar lepidolita es meditarlo o usarlo como colgante en el chakra del corazón, o el chakra del tercer ojo.

Obsidiana Negra

La obsidiana negra es otra piedra excelente para protegerte contra la energía no deseada. Una excelente manera de obtener los beneficios de la obsidiana negra es llevando una pieza contigo, o mantenerla en tu entorno. Puede ser bastante afilada, por lo que es mejor no usar o llevar esta piedra en el bolsillo. Si quieres usarla durante la práctica de meditación, también puedes meditar cerca de tu chakra de la raíz.

Malaquita

La malaquita es una piedra increíble para que tu cuerpo energético lidie con las emociones y libere bloqueos emocionales y energéticos. La malaquita es excelente para cualquier persona que se encuentre regularmente ante situaciones estresantes y debe protegerse de estos factores estresantes. La malaquita se usa mejor como colgante o meditada, ya que descansa sobre el chakra del corazón.

Hematita

La hematita es conocida por quienes la usan por muchos beneficios curativos. La hematita es una piedra excelente para los empáticos que te ayuda a mantenerte conectado a tierra y a evitar las energías dañinas que pueden intentar acceder a la energía de tu cuerpo. Puedes usar hematita para evitar que las personas, como los vampiros enérgicos, absorban tu energía. Cuando meditas, la hematita se almacena mejor en tu bolsillo, o se coloca cerca de tu chakra de la raíz.

Amatista

La amatista es un cristal increíble conocido por sus propiedades espiritualmente protectoras. La amatista puede protegerte de sentirte abrumado por las energías de tu entorno inmediato cuando se usa en la sanación. También puede ayudar a crear una sensación de calma cuando ingresas a entornos más activos, o entornos con energías más fuertes, o más desafiantes. La amatista es excelente para que los empáticos decidan qué energías les pertenecen a ellos y a otra persona. Puedes usar la amatista en la meditación sobre tu tercer ojo, o al salir y uses casi cualquier tipo de joyería.

TLE

TLE, o las técnicas de libertad emocional, es una práctica energética curativa que un practicante de TLE puede practicar en sí mismo. La práctica completa se basa en tocar tu cuerpo con meridianos energéticos específicos, y repetir afirmaciones positivas.

La idea es que pierdas energía mientras la reemplazas con más energía positiva que realmente te ayuda a vivir una vida positiva y productiva. El TLE puede ser practicado fácilmente por ti mismo en cualquier momento, una vez que hayas aprendido cómo hacerlo. Sin embargo, debes utilizar meridianos específicos y patrones de *tapping* (golpecitos) para obtener el máximo valor de TLE. Por esta razón, aprender a hacerlo por ti mismo es la mejor manera de aprender a usar TLE para tu beneficio curativo.

Reiki

Originalmente un caballero llamado Mikao Usui fundó Reiki. Cuando las personas participan en la sanación de Reiki, su practicante puede canalizar la energía vital universal hacia ellas como una forma de integrar la mente, el cuerpo y el espíritu y alentar la sanación natural. Por lo tanto, el practicante de Reiki no es realmente responsable de la curación, sino que alienta al universo a brindar beneficios curativos a esa persona en particular.

Cuando se practica Reiki, alguien quien ha sido sintonizado por un instructor de Reiki a la energía de Reiki, lo está practicando. Esta sintonía se considera una iniciación necesaria para alinear al practicante con la energía espiritual, para que puedan comenzar su travesía para sanar a otros enérgicamente. Un practicante sintonizado puede practicar Reiki en sí mismo, o en cualquier otra persona que consienta.

Esto significa que si quisieras, podrías sanar con el Reiki como una forma de comenzar a curarte a través de la energía Reiki. Si no deseas estar sintonizado en la curación de Reiki, aún puedes recibir sanación de los practicantes de Reiki. Muchos de estos practicantes realizan Reiki cara a cara, o mediante sesiones remotas que se pueden completar prácticamente en cualquier parte del mundo.

La razón de esto es que los practicantes de Reiki solo tienen que ser capaces de adaptarse a tu energía para dirigir la energía curativa universal a tu energía. Dado que la verdadera sanidad proviene del Espíritu, solo necesitas estar conectado a una fuente que es un don innato.

Sanación Cuántica

La sanación cuántico es similar a Reiki porque usa la energía de la fuerza vital para llevar a cabo la práctica de curación, y apoyar la sanidad en la mente, el cuerpo y el espíritu de la persona receptora. Aunque otras curaciones tienden a basarse en el conocimiento espiritual y la confianza, la ciencia de la mecánica cuántica apoya la curación cuántica.

Este método de curación considera cómo la energía cuántica afecta el cuerpo, y cómo la energía puede concentrarse, amplificarse y dirigirse para fomentar ciertos beneficios curativos. Aquellos que han recibido sanidad cuántica afirman que los beneficios de curación física a mental y espiritual traen muchos resultados increíbles. La curación cuántica a menudo incluye una práctica de respiración específica que apoya el acceso del cuerpo a la energía de la fuerza vital, y alienta experiencias de sanidad mayores.

Qigong

Qigong significa "esfuerzo vital de la fuerza vital". Al igual que el Reiki y la sanación cuántica, funciona junto con la energía de la fuerza vital para fomentar la curación energética en el cuerpo físico. Sin embargo, el Qigong utiliza técnicas de respiración y prácticas de meditación para estimular la práctica de la sanación, y fomentar la curación energética en el cuerpo.

Qigong es un método de autocuración enseñado y luego practicado personalmente por personas capacitadas en Qigong. No es necesario estar capacitado para practicar el Qigong, aunque es una buena idea contar con un profesional capacitado que te muestre cómo facilitar la autocuración para asegurarte de utilizar el método correctamente.

Los practicantes de Qigong a veces practican lo que se conoce como "emisión de Qi", un estilo de Qigong que ayuda al practicante a sanar su cuerpo y energía. Se cree que estas prácticas son igual de efectivas, aunque es necesario estar cerca de un profesional para obtener acceso a estas prácticas curativas. Si deseas utilizar el Qigong como un método de curación energética para ayudarte a prosperar como empático en la vida, aprender a participar en el método de autocuración es la mejor manera de asegurarte de obtener el mayor beneficio del Qigong.

Yoga

El yoga es una práctica de ejercicio físico con profundas raíces espirituales. El yoga es una práctica utilizada para involucrar al cuerpo físico en diferentes posiciones para estimular el flujo de energía, y para apoyar a las personas en sanación a un nivel energético o físico. Si participas regularmente en yoga, te aseguras de que la energía fluya a través de ti con éxito, ya que también obtienes los beneficios meditativos que fomentan el flujo de energía y la fuerza vital.

Probablemente ya estés familiarizado con el yoga, y cómo las personas pueden acceder a este método de sanación. Puedes participar fácilmente en el yoga uniéndote a una clase local, o siguiendo uno de los muchos videos del Internet. Te permites mantener despejado tu cuerpo energético, y mantener un control más pacífico sobre la energía que fluye dentro y fuera de tu cuerpo áurico al participar en una práctica regular de yoga.

Existen muchos tipos diferentes de yoga para que puedas aprovechar el tiempo estudiando cada tipo de yoga, y considerar cuál puede ser más beneficioso para ti en base a tus necesidades energéticas únicas. Si lo deseas, ciertamente puedes mezclar estilos, pero la mayoría de las formas están diseñadas con un estilo particular de enseñanza. En otras palabras, las prácticas energéticas y las experiencias meditativas que se enseñan en cada estilo de yoga varían según el origen.

Quizá encuentres información superpuesta en cada formulario, pero la forma en que se enseña, y los métodos utilizados para lograr los resultados deseados, varían de un estilo a otro.

- Yoga Hatha
- Yoga Iyengar
- Yoga Kundalini
- Yoga Ashtanga
- Yoga Vinyasa
- Yoga Bikram
- Yoga Yin
- Yoga Prenatal
- Yoga Jivamukti

Cada uno de estos estilos se enfoca en la sanación espiritual de una manera que sea comprensible y accesible para los yoguis principiantes. Ninguna de estas prácticas requiere necesariamente que te coloques de una manera que pueda ser un desafío para alguien nuevo en el yoga. Esto hace que sea fácil comenzar con un apoyo increíble para mantener el equilibrio de energía, y sentirte seguro como empático.

5

APRENDIENDO A CONTROLAR TU ENERGÍA

*A*prender a manejar tu energía es la primera fase de aprender a sanar tu energía. Aprender a controlar tu energía como empático te da la capacidad de tener una mayor voz en lo que tu campo de energía ingresa, y cómo te afecta. Esta es tu oportunidad de superar los sentimientos de impotencia y la merced de otras energías para que puedas sentir más control y empoderamiento en tu vida. Además de ayudarte a sentir una mayor sensación de empoderamiento, el aprender a controlar tus energías te ayudará a reconocer algo en tu cuerpo energético rápidamente.

En el momento en que tus energías comienzan a sentirse abrumadas, puedes evitar que se acumulen y causen problemas al planificar una sesión de sanación energética. En última instancia, controlar tus energías requiere tres pasos:

1. Identificando tus energías
2. Identificando las energías de otras personas.
3. Estableciendo límites de energía para que nadie más pueda interrumpir tu campo de energía.

En este capítulo, exploraremos cómo puedes empezar a hacer esto en tu vida para que puedas obtener control personal, y sentirse más seguro al ingresar al mundo que te rodea. Una de las principales razones por las cuales los empáticos se sienten vulnerables y abrumados, es porque luchan por reconocer sus propias energías, aparte de las energías de los demás.

Como resultado, terminan sintiendo que todo proviene de ellos y obtienen una gran sensación de agobiamiento por la dificultad de identificar por qué o cómo sucede. Cuando un empático se da cuenta de que muchas de estas energías no son propias, puede haber una gran sensación de alivio. A esta gran sensación de alivio puede seguirle un sentido de frustración ante la falta de conocimiento sobre cómo evitar que la energía se acumule y sobrecargue tu campo de energía.

Si alguna vez te has sentido frustrado y abrumado por las energías de los demás, aún no has aprendido a discernir la diferencia entre tus propias energías y las de los demás. Este es el primer paso para aprender a controlar tus energías para que puedas evitar ser "secuestrado" por la experiencia energética, y el sentimiento de alguien más atrapado a merced de quienes te rodean. Cuando aprendes a identificar tus propias energías, se vuelve más fácil identificar la energía de los demás a tu alrededor.

Esto puede llevar algo de tiempo y práctica, pero cuanto más practiques, más fácil será para ti reconocer tus energías en comparación con los demás.

La mejor manera de comenzar es:

Identifica tus propias energías

Si tienes un sentido más fuerte de quién eres y cómo se siente tu energía personal, es más fácil para ti identificar qué energías no son tuyas. Por supuesto, tu propio campo de energía cambiará de acuerdo con tus estados de ánimo y experiencias, por lo que tu campo de energía no siempre se sentirá igual.

Por esta razón, debes invertir un tiempo serio en conocer tu propia energía personal para poder desarrollar un sentido fuerte de cómo se siente tu energía en diferentes circunstancias. Es tan simple identificar tu propia energía como desacelerar y sintonizarse con tu ser interior. Es una excelente manera de identificar tus energías para pasar algún tiempo en meditación para identificar qué energía resuena más contigo. La mayoría de la gente reporta que en algún lugar alrededor de su chakra del plexo solar, o el núcleo de su ser físico, sienten su energía personal. Se cree que de aquí proviene nuestro poder personal, por lo que tiene sentido que muchas personas sientan su energía personal.

Sin embargo, puedes sentir el tuyo de manera diferente, así que asegúrate de sintonizar y considerar lo que resuena contigo. Si es tu energía, una excelente manera de saberlo es analizar el sentimiento que sientes cuando alguien dice su nombre. Esto generalmente causa una sensación en tu cuerpo que te lleva a escuchar quién te está hablando. El mismo sentimiento familiar es el tipo que se siente cuando identificas con éxito tu energía personal. También es una buena idea hacer pequeños chequeos de meditación durante el día cuando experimentas diferentes emociones o energías. Esto te da una idea de cómo se siente tu cuerpo cuando experimentas diferentes cosas como ira, miedo, alegría, gratitud o un exceso de energía. Al principio, puede parecer un desafío descubrir qué energías conoces o sientes porque, en este sentido, pudiste haber pasado tanto tiempo separándote de ellas.

A medida que continúas revisando y reconociendo cómo se siente tu propia energía, esta sensación de familiaridad continúa creciendo para ti, y fortalece tu capacidad para identificar tus propias energías. De esta manera, puedes generar confianza en ti mismo, y en tu cuerpo energético mientras te diferencias de los demás. Este proceso solo es un gran paso hacia la dirección correcta para un empático.

Identificando las energías de otras personas

Una vez que hayas identificado con éxito tus propias energías, debes comenzar a identificar cómo se siente cuando la energía de otra persona penetra en tu cuerpo.

Cuando aprendes a identificar las energías de otras personas, es aún más fácil para ti trazar la barrera entre ti y los demás de una manera que te permita reconocer su propia energía y la tuya. Probablemente has reconocido las energías de otras personas hasta cierto punto, incluso si no te das cuenta completamente. Apuesto a que puedes pensar en una persona, por ejemplo, que te hace sentir "apagado" apenas entra en la habitación. Tal vez su energía es bastante tóxica, por lo que cada vez que están a tu alrededor, es como si pudieras sentir la energía en tu propio espacio de inmediato. Incluso puedes sentir un mayor estado de miedo o abruma, probablemente reflejando la conducta tóxica del dolor interno de la persona.

Del mismo modo, podrías pensar en alguien que tiene una energía hermosa y siempre te hace sentir tan cómodo y bienvenido en su espacio. Es posible que incluso anheles su presencia porque te ayuda a sentirte tan relajado y cómodo en tu propia vida. Aunque no la energía de todos tendrá un impacto tan obvio y profundo, puedes sentir la energía de todos, lo quieras o no. Hasta no tomar el control de tu propia energía.

Aprender a reconocer la diferencia entre tu energía y la de otra persona te facilitará establecer este límite y mantener la empatía sin asumir la experiencia de la otra persona física, mental, emocional o espiritualmente como si fuera la tuya. El primer paso es saber cómo identificar tu propia energía, ya que esto te ayuda a reconocer tu propia energía de inmediato. Luego debes proceder y empezar a identificar todo lo que no es tuyo, ya que esto te dirá claramente qué energías sientes que pertenecen a otra persona.

El mejor momento para practicar esto es cuando

empiezas a sentirte abrumado en un entorno público. Estos son a menudo los tipos de entornos en los que las barreras entre tu energía y las energías de otras personas pueden difuminarse, ya que aún no has establecido límites de energía saludables.

Cuando comienzas a sentir este sentimiento abrumador, debes actuar identificando de dónde viene la abruma. Puedes hacer esto revisando los mismos chequeos de autoconciencia que usabas para identificar tu propia energía. Primero, necesitas identificar tu propia energía y desarrollar un sentido de familiaridad que te ayudará a mantenerte firme en tu propio espacio. Luego debes identificar todo lo que no sea tu propia energía, ya que obviamente será energía que pertenece a otra persona. Dedica un par de minutos a visualizar la barrera entre tu energía y la energía de los demás, para poder sentirte seguro de que los dos difieren. Esto te ayudará a sentir un sentido más fuerte de ti mismo que te dará el valor y confianza que necesitas para controlar tu propio campo de energía. Puedes actuar de dos maneras una vez que hayas identificado la barrera entre ti y los demás.

Primero, puedes actuar solicitando que cualquier energía que no sea tuya sea inherentemente eliminada de tu campo de energía para que puedas reanudar tu propio estado de energía natural. Esto asegurará que todas las energías que han penetrado tus fronteras se eliminen de tu campo para fomentar un sentido de confianza y calma en tu propia energía.

Lo segundo que debes hacer es fijar límites energéticos. Estos límites de energía asegurarán que la energía de otras personas no penetre en tu campo de energía regularmente. Esto no significa que no sentirás y reconocerás su energía, pero no significa que pueda crear una sensación de ser atacado por la energía de otras personas.

Crear límites de energía es una forma saludable y poderosa de protegerte de las energías de otras personas sin cerrarte por completo de quienes te rodean. Al utilizar los límites de energía, te aseguras de que el intercambio energético entre ti y otra persona no exceda lo que para ti se siente cómodo y razonable. Por ejemplo, si estás en presencia de alguien con energía tóxica, tu límite de energía insistiría en que su energía tóxica no penetre en tu campo de energía. Como resultado, aún podrías ver sus energías tóxicas, pero no sentirán como si te estuvieran atacando personalmente o ingresando a tu espacio personal sagrado. Esto puede ayudarte a superar la experiencia de asumir las energías y emociones de otras personas como si fueran propias.

De la misma manera que creas límites físicos o personales, puedes generar límites de energía. Comienza por identificar dónde está la frontera y cuál debería ser. Por ejemplo, si te sientes abrumado por la energía negativa, puedes establecer el límite de que la energía negativa de otras personas ya no puede ser tu energía negativa. Establecer el límite es tan simple como declararlo y tomar conciencia de ese límite, la parte más difícil es tu necesidad de mantener ese límite. Para apoyar el límite y afirmarlo según sea necesario, debes afirmarlo verbalmente o enérgicamente a los demás, así como mantenerlo contigo mismo. Cuando se trata de llevar energía negativa a tu espacio hacia otras personas, puedes abordar la situación de la manera que crees que será más efectiva.

Si la persona se comporta de manera tóxica, puede ser más útil abordar la situación y verbalizar tu frontera. Si desconocen su toxicidad o parecen comportarse razonablemente amables, pero su energía sigue siendo tóxica, puede ser más apropiado establecer un límite energético. Lo que esto significa es que te afirmas a ti mismo y a tu campo de energía que no se aceptarán energías tóxicas en tu espacio, y luego mantienes esta afirmación al no permitir que tal energía te impacte más. También es esencial atenerse a los límites. Muchas personas creen que los únicos límites que deben establecerse son aquellos entre ellos y los demás, pero este no es el caso. Si estableces un límite, sepáralo para ti o para los demás. Afirmas que este límite no importa y que la energía puede filtrarse libremente, ya que no lo evitarás.

Esto significa que si afirmas que no deseas energía tóxica en tu espacio, no puedes volverte tóxico para los demás, o para ti mismo. Debes trabajar para establecer los límites, y eliminar todos los comportamientos, pensamientos y palabras tóxicas de tu vida al interactuar contigo mismo o con cualquier otra persona. Tus límites se mantienen saludables y puede seguir creciendo.

Por qué necesitas dejar de protegerte

Muchos recursos empáticos abogan por los beneficios de protegerse, y en cierta medida tienen razón. Sin embargo, mantener un escudo constante sobre ti mismo es ineficaz y contradictorio con lo que tú, como empático sanador, estás tratando de lograr. Si colocas un escudo entre ti y los que te rodean, intentarás asegurarte de que toda la energía permanezca completamente fuera, y que tu propia energía permanezca completamente en ella. Esto significa que no experimentas cosas positivas y agradables de una manera muy agradable, ya que tratas de mantener todo alejado. También significa que tienes problemas para interactuar con tu propio entorno y disfrutarlo. Además, sostener este escudo puede ser agotador, y puede ser una de las varias razones por las cuales los empáticos a menudo quieren vivir una vida completamente introvertida.

Otra desventaja de los escudos es que cada vez que se involucra con tu entorno, produce una "fuga" energética en el escudo, lo que significa que cualquier energía puede entrar o salir del escudo libremente, pues ahora hay espacio donde el escudo no se mantiene. Para cualquier empático, esta puede ser una experiencia muy abrumadora y frustrante, especialmente alguien que solo puede entender sus propios dones.

Si alguna vez te has tratado de sostener un escudo, pero te sientes agotado, o luchando para que "funcione", es porque en muchos casos no funcionan. Los escudos son excelentes para los momentos en que no deseas que la energía entre o salga en un ambiente particularmente tóxico. Sin embargo, el escudo no será suficiente para tu salida promedio o experiencia social. La creación de límites energéticos como describí anteriormente es la mejor manera para que un empático se involucre en un entorno social sin

sentir los efectos intensamente adversos de las energías que lo rodean.

A través de estas barreras, los empáticos pueden
sentirse protegidos y separados de los demás, y
sentir que realmente pueden disfrutar y participar en
el entorno que los rodea. Los límites son la herra-
mienta más poderosa que puedes usar como empático porque proporcionan toda la protección que
deseas de tu escudo sin fugas de energía ni
agotamiento.

6

DISEÑANDO TU SUEÑO SANADOR

*P*ara que puedas empezar a experimentar un alivio inmediato de tu empatía, es esencial crear un sueño curativo, aprender a controlar tus energías, y participar en la curación energética. Sin embargo, si deseas emprender la curación empática, debes comenzar a centrarte en cómo puedes crear un objetivo de sanación a largo plazo que te permita prosperar en tu vida. La mejor manera de hacerlo es construir un sueño y aprender a integrarlo en su vida real. En este capítulo, exploraremos cómo puedes desarrollar tu sueño de sanación para que la sanidad y la prosperidad puedan incorporarse verdaderamente a tu vida.

Esta es una práctica esencial para cualquier persona que quiera experimentar una sanación a largo plazo, así que asegúrate de involucrarte en esta práctica por algún tiempo. ¡Debido a que eres empático, es probable que tu mundo interior, ya muy animado, se divierta mucho al participar y utilizar esta práctica como forma de crear una experiencia curativa para ti!

La importancia de un sueño curativo

Los empáticos que aún no han abrazado por completo el camino de la sanación y hacia la vida como empáticos seguros y prósperos, aún pueden sentir que están condenados a una vida de experiencias agobiantes, y luchan para protegerse. Esta puede ser una perspectiva agotadora y triste que puede hacer que todos, especialmente alguien que sea sensible y sienta las cosas tan profundamente, esperen una vida agradable, desafiante. Crear un sueño curativo para ti te da la oportunidad de soñar con una vida que te encantaría vivir, independientemente de lo que sienta tu "yo" empático en este momento.

Si sueñas con ser extrovertido y comprometido con el mundo que te rodea, es esencial incorporar esto a tu sueño. Si sueñas con viajar solo y quedarte solo, también es necesario incluir esto. El verdadero objetivo de su sueño es identificar tus verdaderos deseos más íntimos, y darte la esperanza de que puedan convertirse en una experiencia real para ti. Los empáticos a menudo aprenden a vivir toda su vida alrededor de sus dones, a veces incluso renunciando a partes de su ser auténtico para evitar sentirse abrumados y agotados.

Quieres que tu sueño te ayude a aprender a vivir tu vida y ser empático en la vida. La gran diferencia aquí es que una persona permite que su don gobierne su vida en la experiencia anterior, y en la última experiencia esa persona toma el control y gobierna su propia vida. Tu sueño es crear una imagen real de ti mismo, viviendo tu mejor vida para que puedas hacer de esta visión tu objetivo. Esta es tu visión a la que te aferrarás, para que puedas comenzar a sanar y superar los problemas que te han retenido hasta ahora. Siempre que tengas dificultades para avanzar o recuperarte, dicha visión te ayudará a descubrir los próximos pasos que deben tomarse para que puedas evolucionar de una manera que incluya la sanación de tus miedos y recuperar el control.

Cómo diseñar tu sueño sanador

Crear tu sueño sanador es tan fácil como sentarte con tus sueños y soñar con lo que quieres que suceda en tu vida. Sin embargo, debido a que deseas que este sueño sea algo consistente, y eventualmente se haga realidad, es vital que tomes algunos pasos adicionales para ayudarte a hacer realidad dicho sueño.

Estos pasos incluyen: ser muy específico, escribir tu sueño para que puedas volver a visitarlo con la frecuencia que desees, y publicar el resultado para que aún puedas sentirse realizado por lo que has manifestado si tu sueño se realiza de una manera diferente a como lo esperabas.

Aclarando tu visión

Si aclaras tu visión, puedes verla y entusiasmarte. Esto también te brinda algo claro y específico para trabajar, que es una parte esencial para hacer de un sueño una meta. Cuando sueñas sin ser especifico, muchas variables te dejan espacio para que persigas lo que quieres, o para saber si estás progresando. Para aclarar tu sueño, debes pasar un tiempo pensando en quién, cuándo, dónde, por qué y cómo. Intenta hacer que tu visión sea lo más real posible cuando la aclares. Ve si puedes hacer que tu sueño sea tan claro que casi se sienta como un recuerdo de algo que ya sucedió, en lugar de un sueño.

Esto ayudará a tu mente a ver que honestamente vivas tu vida de esta manera, lo que te ayudará a manifestar la vida de tus sueños. Cuando tu mente realmente pueda ver y sentir cuán exitosa tu vida se ve, te prepara mentalmente para los cambios que realizas y los desafíos que enfrentas en el camino. Esta es una forma poderosa de garantizar el éxito. Además de soñar tu visión, escribirla también puede ser útil. Escribir la visión en tu diario o en una hoja de papel, y mantenerla cerca, es una excelente manera de revisar la visión regularmente.

También lo hace sentir mucho más real como si estuvieras escribiendo un objetivo en lugar de solo un sueño. Esto te ayuda a alquimizar la energía de tus sueño, al pasar de la energía del anhelo a la energía de la creación. El acto mismo de escribir tu visión también te da la oportunidad de validarte a ti mismo y a los deseos de tu vida.

Muchas personas crean sueños, pero luego los rodean de creencias con ideas negativas que, debido a varias razones o excusas que crean para sí mismas, no pueden llevar tales sueños a su realidad. Escribir tu sueño te permite aprobarte a ti mismo, y validar tus deseos para que puedas comenzar a construir un sentido de confianza en tu sueño. Esto te ayudará a cambiar tu esperanza por fe, por lo que pasarás de esperar a que sea verdad, a tener fe. La publicación del resultado puede parecer contradictorio, pero también es importante publicar el resultado de tu sueño. Esto se debe a que lo queremos en la vida a menudo aparece de maneras que no podríamos haberlo esperado. Tus sueños sanarán y evolucionarán a medida que sanas y creces.

Esto significa que cualquier sueño que hayas tenido que haya sido producto de los deseos de otra persona se liberará lentamente de tu psique y será reemplazado por tus sueños y deseos reales. También significa que a medida que evolucionas, podrías estar expuesto a nueva información que te llame en una dirección diferente a la que soñaste. Permitirte publicar el resultado asegura que permanecerá suscrito a un sueño que realmente te sirva a ti y a tus deseos. Un intento de auto curarte obligándote a ti mismo a estar apegado a un sueño que hayas tenido en el pasado solo te retendrá, pues tal sueño viejo no te ayudará en ese momento a sentirte mejor. Estate preparado para publicar el resultado, y permitir que el sueño refleje lo que sinceramente quieres en tu vida.

Entonces vivirás la mejor vida posible. Además de darte fe y dirección, usar de manera efectiva tu sueño de curación, tu sueño te da la oportunidad de comenzar a dar pasos prácticos hacia la vida que deseas vivir. Puedes usar tu sueño para empezar a hacer el siguiente mejor movimiento, para ayudar a sentirte como quisieras sentirte, y para animarte a mantenerte en el camino en todo momento.

Tu sueño es una guía poderosa que puede brindarte todo lo que necesitas para avanzar y vivir tu mejor vida cuando se usa correctamente. Cuando se trata de usar tu sueño practicamente, trata de usarlo como una brújula hacia tu vida, y las elecciones que hagas. Mira tu sueño y consúltalo cuando tengas dificultades en tu vida para tomar medidas, cambiar o tomar una decisión. Si te sientes atrapado, ora para que tu sueño te guie hacia el siguiente paso, para que puedas seguir logrando lo que quieres en la vida.

Si te sientes dudoso en tu sueño o en ti mismo, pasa un tiempo visualizando tus deseos y potenciando tu visión, y llenándote de fe y dirección. Para mantener tu sueño práctico, asegúrate de pasar tiempo activamente permitiendo que evolucione. Siempre que notes que tu sueño no resuena completamente contigo, pasa un tiempo considerando qué aspectos de tu sueño no resuenan. Esto te ayudará a mantener tu sueño "actualizado", para no quedar atrapado en un viejo sueño.

LA SANACIÓN DE SU PASADO

*L*os empáticos a menudo se ven afectados por sus experiencias pasadas, lo que puede llevar a un enfoque continuo negativo en la vida cotidiana. Por ejemplo: un empático que ha experimentado una relación narcisista traumática puede sentirse extremadamente codependiente, y tener dificultades para vivir una vida "normal", debido al daño de otra persona. Esto es cierto para cualquiera que haya experimentado un trauma, pero puede ser especialmente desafiante o perjudicial para los empáticos que tienden a internalizar las cosas y sentir el trauma de una manera que otros no pueden.

Quizá hayas experimentado muchos traumas más grandes y más pequeños en tu propia vida que te han hecho sentir que necesitas sanidad. Como empático, quizá hayas estado expuesto a experiencias o eventos más traumáticos que otras personas. Esto se debe a que la internalización de la energía y las emociones puede ser traumática, lo que lleva a experiencias que pueden ser "normales" para los empáticos. También se debe a que otras personas tienden a reconocer que los empáticos son vulnerables y se aprovechan de la empatía, ya sea consciente o inconscientemente. Como empático, eres más susceptible a experiencias adversas como los narcisistas y vampiros energéticos.

Sanar sus experiencias pasadas te permitirá terminar el ciclo donde otros toman tu control, y te dará la oportunidad de retomar el control de ti mismo. Cuando combinas la sanación de tu pasado con el proceso de tomar el control de tu propia energía, creas una persona poderosa. Tu capacidad de sentirte seguro y fuerte en ti mismo, y de sentirte tierno y compasivo con los demás de una manera que no te dañe a ti mismo, es una mezcla que te permite sanar a las masas sin agotar tu energía mientras lo haces.

Identifica tus lecciones de vida

Al identificar tus lecciones de vida, puedes mejorar significativamente tu experiencia de sanación. Las lecciones de vida son lecciones que se arraigan temprano en nuestra infancia, y aparecen a través de patrones que experimentamos en nuestras vidas una y otra vez. Cada persona tiene sus propias lecciones de vida únicas que aprender, aunque tus lecciones de vida pueden superponerse con las experiencias de otros.

Identificar tus lecciones de vida te ayudará a aprender e integrar estas lecciones en tu vida para que puedas empezar a vivir con un enfoque más saludable y controlado de la vida. También te ayudará a entender por qué ciertos tipos de energía pueden afectarte más que otros, haciendo que tus dones empáticos se sientan abrumados al exponerte. Cada vez que experimentas la energía de alguien que desencadena tu lección de vida, deja un impacto duradero mucho mayor que cualquiera de las otras energías que experimentas. Estas energías que no se manejan, pueden ser extremadamente agobiantes y frustrantes.

La forma más fácil de identificar cuáles podrían ser las lecciones de tu vida es mirar hacia atrás a lo largo de tu vida de experiencias, y considerar qué patrones ves en tus experiencias traumáticas o desafiantes. Identificar los patrones que experimentas en tu vida te ayudará a descubrir lo que quizá tengas que aprender. Es importante entender que se necesita más tiempo y conciencia de uno mismo para comprender lo que es esta lección, ya que estas lecciones a menudo están enterradas en nuestra mente subconsciente, hasta que las abordemos, evaluemos, e integremos. Una vez que tengas una comprensión general de cuáles son estos patrones, tómalos por lo que valen, y considera sus lecciones. Por ejemplo, si has estado constantemente rodeado de narcisistas en el pasado, tu experiencia podría ser aprender a detectar y protegerte contra los narcisistas.

Esta es una gran oportunidad para comenzar a integrar tus lecciones de vida y superar estos desafíos para que puedas tomar el control de tu vida una vez más. Sin embargo, debes continuar viendo este detonante o lección, para ver cuán específico puedes ser, dándote cuenta de que las lecciones de vida no siempre son obvias. Házte preguntas como: "¿Cómo atraigo a los narcisistas?" ¿Cómo puedo luchar para protegerme de esto? "o" ¿por qué soy vulnerable en esta situación?" Puedes aprender más de tus circunstancias únicas. Puedes encontrar que la lección subyacente es que necesitas ser más compasivo contigo mismo y tus propias necesidades, o que debes dejar de intentar superponerte y de "salvar" las vidas de otros.

Identificar estas lecciones de la vida y llegar a la raíz de lo que son, por qué están allí y cómo se puede aprender de ellas, te ayudarán a sentir un mayor sentido de control en tu vida. En lugar de sentirte profundamente detonado por algo sin saber completamente por qué, o sentirte atormentado por algún tipo de energía específica en tu vida, puedes comenzar a tomar el control e integrar esta lección para que estos detonantes o energías ya no te molesten. Como empático, este tipo de autoconciencia y control personal cambia tu vida al permitirte dejar de sentirte tan abrumado ante las energías que te rodean. Sanar tu pasado y comprender tus experiencias son excelentes maneras de experimentar la confianza en uno mismo y una vida mejor.

¿Cómo puedes sanar tu pasado?

Tus lecciones de vida han estado profundamente arraigadas en tu pasado, y quizá hayan tenido un fuerte impacto en tu vida. Para algunos empáticos, sus lecciones de vida pueden cambiar completamente su personalidad, hasta poder integrarse y aprender de las lecciones. Un empático que ha sido extrovertido de niño, por ejemplo, pero que ha soportado muchas lecciones que hacen eco del mismo propósito, puede sentirse abrumado y ansioso, llevándolo a vivir la vida como un introvertido para evitar el dolor.

Es imperativo sanar tu pasado, ya que te ayudará a

acceder a tu verdadero yo para dejar de vivir como víctima de tu pasado, y aceptar tus dones. Tu pasado puede ser sanado de muchas maneras, aunque por lo general se necesita de una sana combinación de enfoques para garantizar que estés totalmente sanado. También puede tomar tiempo sumergirse en experiencias anteriores de trauma, incomodidad, dolor y sufrimiento como una forma de aliviar este dolor y seguir adelante. Junto con alguien que pueda ofrecerte apoyo compasivo sin interrumpir tu proceso de sanación, esto suele ser lo mejor.

Idealmente, debería ser un terapeuta que pueda ayudarte con prácticas, como la terapia de conversación, aunque en muchos casos un amigo de confianza también funcionaría bien. He enumerado cinco prácticas a continuación que puedes empezar para liberar y sanarte de tales daños del pasado. Toma la decisión de dejarlo ir. Antes de sanar algo, debes tomar la decisión de dejarlo ir. Entrar en la mentalidad de dejar ir las cosas te permite abandonar el apego al dolor, para que puedas seguir adelante.

A menudo queremos soltar algo del pasado, pero no podemos, o no queremos que ese deseo sea una decisión para lograrlo. Lo que sucede es que, incluso si queremos seguir adelante, seguimos con el dolor, y seguimos viéndonos como víctimas de las experiencias que hemos tenido. Al final, somos la única persona que continúa sufriendo. Para tomar la decisión, solo tienes que aceptar que está listo para soltar la experiencia.

Esto no significa que la experiencia se reduzca, invalide o considere "OK" de ninguna manera, sino que estés dispuesto a aceptarla por lo que es, y seguir adelante sabiendo que no se puede cambiar. Encuentras la oportunidad de empezar una verdadera sanidad en ti y en tu vida con esta aceptación y disposición. Expresa tu dolor. Ahora que has decidido dejar el dolor, debes tratar de expresarlo. Si intentas dejar ir algo sin expresar el dolor que has sentido, te encontrarás luchando por dejarlo pasar, porque todavía hay muchas emociones reprimidas.

Permitirte sentir el dolor y expresarlo productivamente te ayuda a sacar la energía de ti mismo para continuar tu camino hacia la sanidad. Este es tu paso esencial como empático para asegurarse de ya no aferrarte a tantas energías abrumadoras diversas en tu cuerpo de energía. Te das la oportunidad de comenzar desde cero al liberar estas energías. Ya no te sentirás abrumado tan rápido y fácilmente, porque no intentarás tomar más energías, además de todas aquellas a las que ya te aferras. Tienes que asumir la responsabilidad de tu experiencia al elegir soltar algo.

Esto significa que ya no eliges permanecer con una mentalidad de víctima, donde culpas a la otra persona por asumir la responsabilidad de tu vida y experiencia. Esto no significa que te responsabilizas de las malas acciones de otra persona, o de tus propias consecuencias. En cambio, significa que eliges asumir la responsabilidad del proceso de curación, y dejar ir lo que has hecho. Este mismo proceso de asumir la responsabilidad te saca de la mentalidad de víctima, y te ayuda a tomar el control de tu vida.

Los empáticos tienen una fuerte tendencia a vivir como víctimas, cuando todavía tienen que tomar el control de sí mismos y de su energía, lo que a menudo lleva a creer que los dones empáticos son una maldición. Esto se debe a que no sabes cómo responsabilizarte de ti mismo y tus experiencias. De esta manera, puedes experimentar la liberación de tus experiencias difíciles para que puedas comenzar a experimentar una vida mejor.

Concéntrate en el presente

Después de que elegiste dejar ir, haber expresado todas tus emociones, y asumido tu propia responsabilidad y tus elecciones, completaste todo lo que tenías que hacer con el pasado. Debes comenzar a enfocarte en el presente, y en cómo puedes mejorar tu vida actual. Esta es una excelente oportunidad para comenzar a considerar las consecuencias de tus experiencias dolorosas, y cómo has moldeado tu vida desde entonces. También puedes mirar tus dones empáticos y descubrir cómo tu experiencia puede hacerte sentir ciertas emociones más fuertes que otras cuando se trata de asumir emocional y enérgicamente las experiencias de otras personas. En muchos casos, descubrirás que tus emociones más comunes están directamente relacionadas con experiencias dolorosas previas de tu propia vida.

Cuando elijas vivir en el presente, piensa en cómo puedes comenzar a vivir tu vida de una manera más auténtica y satisfactoria. Busca la oportunidad de descubrir cómo puedes seguir superando los efectos de tus dolores pasados, para poder vivir de una manera que te sienta bien. Elige vivir en la luz sanadora todo el tiempo. Cada vez que sientas algo que te hubiera detonado como resultado de tal experiencia previa, haz el esfuerzo consciente de soltar, y seguir adelante en tu vida en ese momento. El paso final de la sanidad es perdonarte a ti mismo, y a cualquiera que te haya lastimado en tu pasado.

El perdón es tu oportunidad de tomar el control de tu

presente, y evitar que el "yo" pasado y las personas de tu pasado te lastime aún más. Es posible que en algunos casos, el perdón requiera un compromiso regular para que tú y otros puedan permanecer sinceramente en el perdón. Es esencial que honres el proceso del perdón, sin importar cómo te veas, para que sigas sintiéndote libre de tus dolores pasados. El perdón es verdaderamente una experiencia liberadora como empático.

Al perdonar, alquimizas la energía dolorosa de la conciencia de la víctima, y tomas el control de ti mismo y de tu vida nuevamente. Este es el paso donde realmente eliminas la energía residual del pasado para no sentir que continuamente estás tratando de acercarte a una vida que ya está llena de estrés y abruma. En cambio, puedes acercarte a la vida de manera clara y libre de tu pasado con la capacidad de ver las cosas.

SANANDO A TU NIÑO INTERIOR

*A*unque ya has comenzado a sanar tu pasado, se necesita otra acción clave para experimentar una sanidad verdadera y completa en tu vida. Como empático, dirigirte a su niño interior y sanar esta parte de ti es una fase importante de la sanidad. Si bien la sanación de tu pasado ayudará a sanar a tu niño interior, se deben tomar otras medidas para apoyar a dicho niño en la sanidad completa. Tu niño interior es aquella parte tuya que aun ve el pasado como si viviera en el pasado, y no en el presente a través de tus ojos con mas experiencia, y comprensivos. Es por eso que necesitas ser sanado como adulto, independientemente de la sanidad del pasado. Sanar a tu niño interior es una experiencia increíblemente liberadora para muchos empáticos que los apoyan a sentirse verdaderamente y completamente libres de sus problemas pasados.

Esta es la oportunidad de superar por completo esa pequeña voz interior que sigue gritando "peligro" cada vez que ves un detonante que remotamente refleje un ejemplo que has tenido en el pasado. Al sanar a tu niño interior, cada vez que asistas a un evento social, o te encuentres en un espacio público, puedes dejar de sentirte tan nervioso. Cuando tu niño interior esté sanado, ya no se siente tan preocupado y temeroso del mundo que lo rodea, que puede acercarse a la vida con más tranquilidad. Como resultado, es mucho más fácil abordar y manejar cualquier energía que puedas enfrentar en tu vida. Para cualquiera que quiera una sanidad completa en sus vidas, sanar a su niño interior es importante, pero es especialmente importante para los empáticos.

Dado que has sido muy sensible a lo largo de tu vida, es posible que tengas muchos recuerdos donde sentiste el impacto de tus sensibilidades. La forma en que las personas te hablaban, la energía que tenían al hablarte, e incluso la energía de los entornos que visitaste habrían dejado una impresión duradera en tu mente mientras crecías. Esto significa que debes considerar incluso mayor sanidad que la persona promedio que no ha experimentado niveles más altos de sensibilidad a lo largo de su vida. El primer paso para sanar a tu niño interno es acceder a ese niño para empezar a compartir comunicaciones con esa parte de ti mismo.

Puedes pensar en tu niño interior como esa pequeña voz dentro de ti que aun piensa, habla y actúa como niño, sin importar que ahora seas adulto. Por ejemplo, si estás enojado y esa parte interna en ti comienza a experimentar los sentimientos de un berrinche, incluso si tu adulto se da cuenta de que un berrinche no es una respuesta válida o productiva a tu enojo. Tu niño interior refleja esa parte interna tuya, que aun quiere responder ante situaciones en un sentido más emocional y menos racional.

Para acceder a tu niño interior, debes darte el tiempo para reconocer que existe, y que debe abordarse. Al permitirte hacer conciencia de tal necesidad, y reconocerla como una parte válida e importante de ti mismo, te ayuda a darle a tu niño interior el espacio seguro en el que necesita emerger. Tienes que empezar a hablar con tu niño interior. Hablar con ese niño te permite prestarle la atención que necesita mientras comprendes por qué se siente y actúa como tal. Esta es la información que usarás para sanar, para que puedas comenzar a sentir libertad emocional, y dejar de sentirte tan abrumado por ante tu sensibilidad.

Algunas personas que se sienten más atraídas por el uso de objetos físicos o su entorno como una forma de participar en prácticas mentales y espirituales, pueden encontrar que es más fácil acceder a su niño interior si tienen algo de la infancia. Por ejemplo, mirar una foto de tu "yo" más joven, o sentarse con un oso de peluche de su infancia puede estimular a tu niño interior, y alentarlo a salir y pasar un tiempo compartiendo. Si no tienes tus pertenencias de la infancia, siempre puedes recoger un objeto que se parezca a algo que tenías en tu infancia. Una vez que reconozcas y accedas a esta energía, puedes comenzar a hablar con tu niño interior y hacerle preguntas. Algunas preguntas geniales para comenzar incluyen: "¿Cómo estás?" O "¿Qué quieres que sepa ahora?". Esto anima a esta parte de tu psique a empezar a hablar contigo, y a compartir información sobre cómo puedes responder al mundo que te rodea.

Para los empáticos, esta parte de ti mismo probablemente tenga mucho miedo y ansiedad sobre tus experiencias adultas. Es una forma poderosa de iniciar el proceso de sanidad, para que tu niño interior deje de sentirse traumatizado por el mundo que lo rodea.

Cómo ganar la confianza de tu niño interior

Debes ganarte la confianza de tu niño interior si deseas abrazar por completo el proceso de sanación de tu niño interior. Muchos empáticos descubren que tu niño interior se siente traicionado, abandonado, descuidado o simplemente olvidado. Esto se debe a que la mayoría de las personas no se dan cuenta de que su niño interior aun existe y necesita apoyo para comprender y superar los desafíos de la vida. Cada vez que soportas un nuevo desafío en la vida, o lo aceptas, tu niño interior seguirá respondiendo de la misma manera que tu infancia.

Todavía tienes una parte interna de ti que lucha por ver, comprender y responder al mundo que te rodea, a pesar de la evolución que has sufrido. Esta parte de ti quiere que tu y los que te rodean te amen, respeten, valoren, y aprecien. También quiere que le muestres tu afecto, y seas compasivo y tierno, a menudo reflejando algo que tal vez nunca hayas experimentado de niño.

En la vida, nuestro niño interior a menudo se siente abandonado y descuidado si no se le da la tierna compasión y el amor que necesita en estos momentos sensibles, especialmente como un empático. Como adulto, tu niño interior naturalmente responderá de inmediato a estos sentimientos, incluso si no lo reconoces o te das cuenta. Es por eso que tu niño interior ha crecido hasta verte como no confiable. Por lo tanto, es importante ganarse la confianza de tu niño interior. Como empático, es probable que tu niño interior se sienta herido porque sigue preocupado por ser "demasiado sensible" o "demasiado serio". Esta parte de ti todavía duele cada vez que alguien te dice que necesitas hacer crecer una piel más gruesa, o reconoce una broma cuando la escuchas, incluso si no te parece graciosa.

Aunque ahora eres más consciente de estas experiencias, o más compasivo contigo mismo y tu sensibilidad, tu niño interior todavía anhela esta ternura y compasión. Puedes ganarte la confianza de tu hijo interno al demostrar que reconoces que aun existe, y que estás dispuesto a reconocerlo y permanecer consciente de ello. Al enseñarle a tu niño interior que no lo has olvidado, sino que no te has dado cuenta de que todavía está allí, puedes pedirle perdón a tu niño interior, y luego trabajar para ganarte su confianza. Al hacerlo, le brinda más comodidad a tu niño interior. Confíe en tu "yo" interior de la infancia para que estés allí para el ahora y quieras escucharlo, verlo, y apoyarlo en sus experiencias.

Debes ser increíblemente tierno y gentil contigo mismo y ser constante y dedicado para que tu niño interior pueda ver que tomas muy en serio el apoyarlo. Si tu niño interior ha sido reprimido durante mucho tiempo, puede tomar algún tiempo ganar confianza, y poder acceder y escucharlo por completo. Sé paciente y continúa escuchando a tu niño interior para que puedas demostrar que eres confiable. Cuanto más hagas esto, más se abrirá tu niño interior y compartirá sus sentimientos y experiencias. Esto te ayudará a comprender profundamente tus propias emociones, y por qué eres tan sensible a experiencias específicas en lugar de otras, o más sensible a todas las experiencias en general. Una vez que hayas accedido a la confianza de su hijo interior y la hayas ganado, podrás comenzar a trabajar para sanarla. La mejor manera de comenzar a sanar a tu niño interior es expresar las emociones que el niño siente.

Permite que todos estos sentimientos durante estas conversaciones salgan a la superficie y se expresen de manera completa y saludable. Si tienes miedo, déjate sacudir. Si quieres llorar porque te sientes triste o avergonzado, deja que salga también. Aprovecha esta oportunidad para sentir y liberar cualquier emoción que desee salir a la superficie. Cuando expresas las emociones que tu niño interior no ha tenido la oportunidad de comunicar por completo, te permites liberar la energía que este recuerdo o experiencia conlleva. Esto te permite liberar por completo la "botella" interior que se ha llenado a lo largo de los años, y restaurar un estado de paz y tranquilidad dentro de ti. Cuando liberas estas emociones, puedes sentir ansiedad ante la intensidad de las emociones que surgen.

Quizá te preocupe que tales emociones sean abrumadoras, o que no puedas controlarlas. Confía en que este no es el caso, y que incluso cuando tus emociones salgan, aún podrás experimentar el control total. Este miedo pertenece a tu niño interior y le preocupa que pierdas el control porque se le inculcó que perder el control era malo. Ahora eres un adulto que puedes mantener el control mientras expresas tus emociones, para no tener que preocuparte por esta experiencia. Solo deja que se exprese el miedo, y luego experimentarás tus otras emociones. Por lo tanto, podrás sentir una liberación completa de tus emociones, y liberar la increíble cantidad de energía asociada con ellas. Es probable que tu niño interior exprese solo unas pocas cosas a la vez.

Después de todo, has sido un niño durante muchos años, por lo que es posible que necesites reconocer y expresar muchos años de experiencia. A medida que continúas trabajando con esta práctica, cada vez sientas una mayor sensación de liberación. Quizá descubras que tu niño interior está satisfecho con el tiempo, y ya no necesites participar en tales prácticas de sanidad. Cuando esto suceda, debes ver que tu capacidad para procesar la vida como un empático también es mucho más natural, ya que ahora tienes más control sobre ti mismo, tus energías y tus emociones.

SANANDO SU SER ACTUAL

*E*l siguiente paso de tu travesía hacia la sanidad es comprender y sanar tu ser actual. Sanar tu ser actual es una oportunidad para que liberes cualquier cosa que pueda causar confusión energética o emocional en tu vida en este momento, para que realmente puedas disfrutar de la vida. La mayoría de las veces, sanar tu ser actual implica considerar cuál es tu estado actual de bienestar, y comenzar a sanar hacia tu propia visión. Sanar tu pasado y a tu niño interior te ayudará a sentirte libre de los apegos que te han mantenido en este estado, pero sanar tu ser actual te permitirá liberar completamente los síntomas causados por tu pasado.

La sanidad del "yo" presente permite a los empáticos comenzar a sentir un mayor sentido de confianza en sí mismos y autoestima, para que puedan empezar a disfrutar la vida desde un punto de vista más intencional y empoderado. Exploraremos en este capítulo cómo la sanación de tu ser actual puede mejorar tu vida y cómo puedes usar tu mejor autoestima y confianza en ti mismo para experimentar una vida mejor como empático. Incluso si eres alguien que ya considera que su autoestima y confianza son razonablemente altas, trabajar en esta práctica de sanidad asegurará que uses tal fuerte sentido de ti mismo de la mejor manera posible para apoyar tu empatía interna.

Identificar lo que necesita ser sanado

Antes de empezar a sanar tu "yo" actual, debes considerar lo que podría estar mal. Examinar tu pasado hace que sea más fácil ver traumas o desafíos, ya que ahora puedes ver cómo afectaron tu vida. Mirar tu vida actual y tratar de considerar qué puede "salir mal" puede ser mucho más desafiante, pues estas son las conductas, pensamientos y experiencias en las que te involucras activamente. Para determinar qué necesita ser sanado, sirve pasar un tiempo escribiendo. Anota las cosas que deseas cambiar o mejorar de tu vida actual. Considera todo, desde comunicarte con los demás y contigo mismo, hasta lidiar con diferentes situaciones en tu vida. Todas estas experiencias contienen cantidades masivas de energía que pueden afectar tu energía y hacer que el mundo a tu alrededor se sienta vulnerable o abrumador.

Cuando hables sobre lo que necesita ser sanado, no tengas miedo de considerar partes de ti mismo que pudieran haber sido afectadas por experiencias pasadas, incluso si ya has trabajado deliberadamente para sanar tales experiencias pasadas. Nuestras experiencias pasadas a menudo llevan a problemas actuales que también deben abordarse. El que hayas sanado el dolor de la memoria no significa que tu comportamiento, pensamientos y actitud del presente aun no duren. Dirigirte al yo presente, que también necesita sanidad, te ayudará a sanar por completo de las experiencias pasadas, para que puedas progresar y empezar a vivir una vida mejor completamente libre de todos los apegos del pasado. Quizá encuentres muchas cosas que deban ser abordadas o sanadas. Aun así no es el fin. La sanidad es un proceso continuo que debe abordarse y trabajarse regularmente para garantizar que permanezcas en tu nivel más alto de energía.

La autorreflexión periódica y tener un diario son la mejor manera de garantizar que siempre identifiques aspectos propios que puedan sanar. Esto te ayudará a mantenerte consciente de ti mismo, y totalmente comprometido con tu práctica de sanidad.

La importancia de la autoconciencia

Si no eres una persona consciente de ti misma, la autosanación puede ser un proceso difícil. Para poder sanarte a ti mismo, debes mirarte a ti mismo y notar aquellas áreas que necesitan sanidad. Como empático, la autoconciencia tiende a surgir de forma natural e inevitable para ayudarte en tu travesía hacia la sanidad.

Sin embargo, también puedes descubrir que si vives en el arquetipo de un empático "maldito", por mucho tiempo has reprimido tus sentimientos y autoestima. Algunos empáticos incluso reportan experiencias corporales o experiencias de disociación como una forma de separarse de las experiencias dolorosas de la empatía. En estas circunstancias, podría serte más difícil alcanzar la autoconciencia. Si aún no vives en un estado de autoconciencia, querrás empezar a practicar, para que puedas comprenderte a ti mismo, y tus necesidades con mayor claridad.

La mejor manera de practicar la autoconciencia es hacer chequeos regularmente y preguntarte cómo haces algo. Hacerte estas preguntas requiere que revises tus sentimientos, pensamientos y necesidades, y luego cuidarte. Esto crea una fuerte relación entre ti, y tú mismo, que te ayuda a sentirte merecedor de tu tiempo y atención. Al igual que la sanidad del niño interior, es posible que debas trabajar para ganar tu propia confianza para abrazar el arte de la autoconciencia.

Continúa mostrando compasión y ternura, y quizá descubras que la autoconciencia proviene naturalmente de esta relación creciente que compartes contigo mismo. Ahora que has traído tu deseo de sanación a tu estado actual de conciencia, puedes iniciar el proceso de realmente sanar estas experiencias. Dado que tus traumas anteriores han cultivado todos tus problemas actuales, finalmente debes liberar todos tus enlaces actuales del pasado. La mejor manera de imaginar este proceso es ver la experiencia como eliminación de hierbas. Tu pasado y la sanidad interna de tu niño interno te permitieron sanar las raíces del problema.

Ahora debes eliminar el resto de la planta que surgió de dichas raíces para convertirte en la persona que eres hoy.

Soltando los últimos vínculos de tu pasado

Si bien tiene una idea de por qué te comportas de una manera que pueda ayudarte a tener un mayor sentido de comprensión, no es necesario. Lo que necesitas es abordar cada parte de ti mismo que necesite sanidad, y comenzar a entender por qué ya no te sirve, y cómo se puede cambiar para servirte mejor.

Por ejemplo, si descubres que tiendes a sentirse abrumado ante ciertas energías, aun si tiene que lidiar con ellas regularmente, puedes fijar tu intención de sanar tu reacción en torno a tales energías. También puedes determinar cómo deseas actuar aparte de establecer dicha intención. Usar tu sueño de sanación es una excelente manera de ayudar a sanar tu "yo" actual. A través de dicho sueño, puedes "ver" cómo preferirías comportarte, y comenzar a comportarse de tal manera. Esta visión te ayudará a cambiar gradualmente tus modales actuales por otros nuevos que te ayudarán a realizar tu sueño sanador.

El proceso de cambiar estos viejos comportamientos es el último vínculo del pasado que oficialmente se desata. Después de este cambio, sentirás que estás completamente libre de la experiencia que una vez te mantuvo en un disturbio energético y emocional. Esta liberación te permite sentirte más seguro de ti mismo, y de tu capacidad para afirmar tus límites, incluyendo tus límites energéticos, para poder recuperar el control de tu vida, y dejar de sentirse como si fueras víctima de tus dones empáticos.

Incorporando la autosanidad regular

Es importante que entiendas que la sanidad es una experiencia continua. Nunca estarás completamente "sano", pues siempre se puede abordar, evaluar y mejorar más. Si deseas abrazar la sanidad, debes estar dispuesto a abrazar la travesía completa, sin importar cuánto tiempo sea. Algunas partes del proceso pueden ser difíciles, dolorosas o simplemente frustrantes. Otras partes pueden parecer que has esperado demasiado tiempo para la sanidad, y estás emocionado de superar tus problemas e iniciar a vivir una vida mejor. Al final, la versión que haya pasado por más sanidad aprecia sinceramente tus esfuerzos. Si deseas emprender un camino hacia la sanidad, incorporar la sanidad a tu rutina regular es un requisito.

La autorreflexión regular, el diario y los sueños son la mejor manera de hacer esto. Cuanto más reconozcas tus partes aun no sanadas, y sueñes cómo sería sanarlas, más fácil será para ti visualizar, y luego manifestarte viviendo tu mejor vida. Como empático, el uso de energía curativa de esta manera te brinda una gran libertad de la abrumadora sensibilidad que puede llevarte.

PRACTICANDO LA SANACIÓN SOCIAL

*L*os empáticos rara vez son totalmente apreciados y aceptados por nuestra sociedad moderna, ya que el mundo en general tiende a no comprender y apreciar las luchas de una persona altamente sensible. Desafortunadamente, como empático en la vida cotidiana, es posible que no siempre seas bien recibido para expresar tu lado sensible. Esto puede hacerte sentir que no eres bienvenido en la sociedad. Esto puede agravar aún más tus sentimientos internos de abandono, y llevar a un trauma emocional interno de su relación "rota" con los demás en general. Aprender a sanar tus experiencias sociales puede ayudarte a participar en experiencias sociales a un nivel más alto, para que puedas empezar a disfrutar del público, o las experiencias que necesitas para salir en público.

En este capítulo, exploraremos cómo puede sanar el sentimiento de que la sociedad está marginada, para que empieces a disfrutar de una vida mejor, y sentirte realmente satisfecho de todas las maneras posibles. Ya seas empático tímido o extrovertido, estas prácticas te ayudarán a apoyar tu sanidad.

Asumir toda la responsabilidad de ti mismo

El primer paso hacia mejores experiencias sociales es asumir tu propia responsabilidad. Aprender a asumir la responsabilidad de tu energía y experiencia te ayuda a mantenerte alejado de la mentalidad de víctima. Esto evita sentir que te están atacando cada vez que apareces en público, pues puedes elegir evitar estos sentimientos de ataques energéticos. Cuando te das cuenta de que la sociedad no te desagrada y de que eres completamente bienvenido en el mundo tal como eres, te resulta mucho más fácil dejar tomarlo todo personal. Puedes dejar de sentir que tienes las energías de todos los demás, y que debes asumir la responsabilidad de ellos.

Una de las peores creencias a retener como empático es que eres responsable de cualquier energía o emoción en tu espacio. Eso no es cierto. Solo sus propias energías y emociones son tu responsabilidad. Si se ven afectados o influenciados por las energías o emociones de otra persona, es tu responsabilidad reconocerlo y ajustar tu enfoque a la situación para evitar la energía negativa o una experiencia emocional no deseada.

Cuando te responsabilizas de ti mismo, es mucho más fácil dejar de responsabilizarte de otros, que te ayudan a imponer tus límites de energía para que ya no aceptes emociones o energías que no sean tuyas.

Superar la creencia de la "esponja"

Una lamentable creencia que circula en ciertas comunidades es que los empáticos son "esponjas" que constantemente "absorben" las emociones y las energías de otras personas. Esto sin duda lo podrías sentir al no cuidar de ti mismo y a tus energías activamente, pero una vez que comienzas, este síntoma desaparece, lo que significa que no tienes que sentirte como una esponja para siempre. Creer que siempre serás una esponja que absorbe constantemente las energías y emociones de otras personas puede ser extremadamente fácil de creer, dado que lo sentiste en el pasado, y que otros fortalecen tu creencia.

Sin embargo, es mucho más fácil para ti dejar de absorber las energías de todos los demás cuando eliges asumir tu propia responsabilidad y de tus energías, y comenzar a practicar y hacer cumplir tus límites energéticos. Es importante que elijas fomentar una nueva creencia lo antes posible para que tus sentimientos de absorción no continúen reforzándose.

Cuanto más repites esta creencia, más refuerzas la falta de sentido de tus límites, porque la energía simplemente pasa. En otras palabras, haces que tus fronteras no tengan sentido porque las ignoras y te permites sentir energías no deseadas. Debes asumir la responsabilidad y deshacerte de la creencia de que cualquier persona ajena a ti tiene control sobre tus energías.

Asumir la responsabilidad de tu relación con la sociedad.

Es muy probable que tu niño interior sea la parte de ti que aún vive en el miedo y vergüenza de la sociedad. Esto significa que quizá necesites cierta sanidad ante la sociedad y otras personas con tu niño interior. También debes verte como adulto y cómo te siente ante de la sociedad en este momento. Si tus sentimientos sobre la sociedad son negativos, por ejemplo: crees que todos son muy fríos, y que nadie te aprecia o comprende, fortalecerás esta creencia negativa y batallarás en la sociedad, pase lo que pase. Si eliges ajustar tus creencias y ver a la sociedad como una hermosa oportunidad para conectarte con otros, y tal vez conocer a personas que sean sensibles como tú, la sociedad de pronto se volverá mucho menos aterradora, y mucho más agradable.

Te permites sanar de esos sentimientos internos asociados con ser un paria, o alguien que era demasiado débil para la sociedad cuando ajustas tus creencias de esta manera. Te das la libertad para sanar tu relación con la sociedad.

Nos guste o no, vivimos en una sociedad, y estar desacuerdo con el mundo nunca te ayudará a sentirte mejor. En todo caso, puedes hacerte sentir excepcionalmente vulnerable a la energía de quienes te rodean, ya que estás constantemente enfocado en las energías críticas, groseras y dañinas de los demás. Como resultado, cada vez que sales en público, tu "yo" empático se sentirá sumamente abrumado. Sin embargo, si ves a la sociedad como una oportunidad, o como un simple hecho de la vida, estas energías dejarán de ser tan intimidantes o atemorizantes para ti, y podrás disfrutar de la sociedad fácilmente y al máximo.

Date permiso de divertirte

Los empáticos a menudo luchan para divertirse de maneras que no están directamente relacionadas con estar solos, o hacer algo silencioso y retraído. Aunque no tiene nada de malo ser introvertido, o preferir leer o mirar una película, en lugar de estar con un grupo de personas, no eres eficaz si eres el tipo de persona que solo elige libros o películas por tu miedo a la sociedad. Si la preocupación constante de salir y divertirte te impide salir y hacerlo, debes aprender a desconectarte por completo del mundo que te rodea para poder soltarte y divertirte.

A primera vista, esto parecería imposible, pero es posible y puede ayudarte a vivir una vida más plena y feliz. En última instancia, requiere un compromiso contigo mismo para permitirte de diversión. Ante este compromiso, debes asegurarte de no preocuparte por las energías o emociones de quienes te rodean de una manera que te haga sentir abrumado o responsable por tu experiencia.

Aunque ciertamente puedes reconocer sus energías o emociones, permítete separarte por completo de ellas para que no puedas sentir sus energías como propias. Luego, solo intenta concentrarte de disfrutar de ti mismo y del mundo que te rodea sin sentirte tan abrumado y agotado.

Al principio, esto podría parecer una tarea imposible. Quizá te parezca difícil separarte, pues podría estar preocupado de que la separación te impida sentir cualquier tipo de emoción. Te puedo asegurar que ese no es el caso. Cultivar una separación saludable te permitirá separarte de sentirte personalmente responsable de otra persona. Entre otras emociones, aún puedes experimentar y expresar empatía, pero no sentirás una necesidad tan irritante y abrumadora de involucrarte en energías y emociones que no sean tuyas.

Puede ser beneficioso para ti comenzar a practicar este tipo de desprendimiento en entornos que no son tan abrumadores al principio, para que puedas familiarizarte con esto. Mientras lo haces, continúa aumentando la intensidad de tu entorno a un ritmo que lo sientas cómodo, para poder abrazar por completo tu desapego en cada "nivel", hasta sentirte seguro y listo para ascender. Moverte a tu propio ritmo te ayudará a sentirte más seguro del control de ti mismo, y tu capacidad de separarte de tus intensas energías.

Abogar por ti mismo

Si deseas involucrarte más en la sociedad como empático, es esencial abogar por ti mismo. Al actuar como tu propio defensor personal, debes prestar atención a tus necesidades y deseos cuando estés en público. Esto es parte de tu responsabilidad, pero también es un componente esencial para tu sanidad que requiere tu propia atención independiente.

Si eres un defensor de ti mismo, debes estar preparado no solo para identificar tus necesidades y deseos, sino también para asegurarte de que se cumplan. Por ejemplo, si te sientes particularmente abrumado por tu entorno, y sientes que necesitas salir por unos minutos, o excusarse del evento para retirarte a un entorno más relajado. Un asunto nunca es demasiado grande ni pequeño para abordarlo, sin importar cuál sea tu necesidad. Nunca es demasiado irracional preguntar, ponte en *primer* lugar.

Si pasas tiempo con alguien que no respeta tu derecho de expresar tus propias emociones, y satisfacer activamente tus necesidades, podrías considerar pasar tiempo con personas que estén más preocupadas por ti y tus deseos. En última instancia, eres el responsable de garantizar que se satisfagan tus propias necesidades, independientemente de con quién te encuentres o qué actitud tengan. Debes asegurarte de abogar por ti mismo y tus necesidades en todo momento para que puedas mantenerte seguro y ser más optimista sobre tus salidas.

CONCLUSIÓN

*F*elicidades por completar este primer paso en tu camino al autodescubrimiento. En verdad espero que hayas descubierto más sobre ti al leer este libro, y experimentar un mayor sentido de autoconciencia a través de las explicaciones de este libro.

Al comprenderte a ti mismo a mayor medida, te das el poder de tomar el control de tu propia vida, y experimentar una mejor calidad de vida en general. Ya no sentirás que estás viviendo a merced de quienes te rodean, cuanto más practiques tomar el control de tu vida.

Te verás a ti mismo, como empático, recogiendo energías que otras personas pueden ni siquiera darse cuenta. Sentir tales energías cuando la persona responsable de ellas ni siquiera quiere experimentarlas es una carga que nadie tiene que asumir. Debes aprender a responsabilizarte de ti mismo, y sanar las partes de ti que te llevaron a creer lo contrario para vivir tu mejor vida. Al sanar estas partes de ti mismo, te permites vaciar la "reserva" de energías no sanadas dentro de ti para poder acercarte a la vida con un mayor sentido de poder personal y confianza. Tendrás acceso a tu mejor vida a través de eso. Después de leer este libro, es esencial que continúes dominando tu don empático.

Cuanto más sanes y recuperes tu poder mientras fortaleces tu energía personal, más fácil te será dominar tu don. Después, podrá entrar en tu verdadera vocación de ser un sanador, maestro, cuidador o cualquier profesión que te parezca más adecuada.

Si puedes aceptar este llamado desde un lugar de poder, comenzarás a descubrir formas en que tu don empático puede realmente ayudarte en lugar de obstaculizar tu total éxito. Cualquier empático que intente abrazar su verdadera vocación sin dominar el don de ser empático se sentirá rápidamente agotado al seguir su pasión.

Esto puede llevar a un sinfín de nuevos problemas, incluyendo la necesidad de sentir una mayor sanidad, especialmente en torno a sus deseos, en sus vidas. Para evitar el agotamiento, primero domina el arte de la empatía, y acepta tu verdadero llamado!

www.ingramcontent.com/pod-product-compliance
Lightning Source LLC
Chambersburg PA
CBHW021533260326
41914CB00001B/3